图说人文中国

主编 范子烨

大风起兮

图说秦汉

徐卫民 撰

2016年 · 北京

图书在版编目(CIP)数据

大风起兮:图说秦汉/徐卫民撰.—北京:商务印书馆,2016
(图说人文中国)
ISBN 978-7-100-12233-7

Ⅰ.①大… Ⅱ.①徐… Ⅲ.①文化史—中国—秦汉时代—图集 Ⅳ.①K232.03-64

中国版本图书馆CIP数据核字(2016)第103046号

大风起兮——图说秦汉
徐卫民 撰

商务印书馆出版
(北京王府井大街36号 邮政编码100710)
商务印书馆发行
北京新华印刷有限公司印刷
ISBN 978-7-100-12233-7

2016年8月第1版 开本787×1092 1/16
2016年8月北京第1次印刷 印张11½
定价:45.00元

目录

导　读 / 001

人物篇
千古一帝：秦始皇 / 004
西汉开国皇帝：汉高祖 / 005
文景之治的缔造者：汉景帝 / 006
雄才大略：汉武帝 / 007
西汉中兴皇帝：汉宣帝 / 008
东汉开国皇帝：汉光武帝 / 009
封狼居胥的少年将军：霍去病 / 010
儒家思想的倡导者：董仲舒 / 011

政治篇
皇帝制度 / 014
三公九卿制度 / 015
郡县制 / 019
法律 / 021
文景之治 / 023
削藩 / 024

经济篇
农业 / 026
手工业 / 030
商业 / 047

军事篇
兵种 / 054
长城 / 065
虎符 / 069

宗教篇
佛教 / 072
道教 / 073

民族外交篇
朝鲜 / 076
日本 / 076
匈奴 / 078
西域 / 083
羌 / 086
东北各族 / 086
三越 / 087
西南夷 / 088

建筑篇

秦砖汉瓦 / 093
多层楼阁 / 098
汉阙 / 098
姜女石秦宫殿遗址 / 101

都城篇

秦都咸阳宫一号建筑遗址 / 105
秦阿房宫 / 106
西汉长安城 / 107
西汉未央宫前殿遗址 / 108
东汉洛阳城 / 109

陵墓篇

秦始皇帝陵 / 113
汉景帝阳陵 / 116
汉武帝茂陵 / 117
汉画像石墓 / 119
汉画像砖 / 121
汉壁画墓 / 121
汉墓 T 型帛画 / 122

交通篇

秦直道 / 126
秦驰道 / 127
蜀道 / 128
灵渠 / 128
丝绸之路 / 130
秦汉渭河桥 / 131
东汉陶船模型 / 132
彩绘木轺车 / 133

文化艺术篇

简帛 / 136
造纸术 / 137
天文 / 139
医学 / 140
数学 / 140
《史记》 / 142
《日书》 / 143
秦汉石刻 / 144
秦汉音乐 / 147

衣食住行篇

秦俑形象 / 150
刘胜金缕玉衣 / 154
汉代铜灯 / 154
汉饮食器 / 156
两汉博具 / 158
秦汉杂技 / 161
东汉陶灶 / 167
两汉铜镜 / 168
汉铜羽人 / 170
绿釉陶猪圈 / 171
西汉梁孝王厕所 / 172

结　语 / 173

导 读

秦汉时期是中国历史上第一个大一统时期，也是统一多民族国家的奠基时期。这一时期是中国古代社会第一个盛世，社会经济文化取得了长足发展，并达到空前繁荣。

秦汉时期（前 221—220）是指秦统一中国至东汉王朝结束这一阶段，包括秦、西汉、东汉三个王朝。公元前 221 年秦灭六国，首次完成了真正意义上的中国统一，秦王嬴政改号称皇帝，建立起中国历史上第一个中央集权制的王朝。秦始皇废分封，立郡县，统一文字、货币、度量衡等。但由于统治政策上的失误，导致秦朝二世而亡。汉朝继之而起，基本延续秦的制度，史称“汉承秦制”。

在政治上，经过秦的高度统一，汉代继续加强，中央集权制度得到进一步发展。为了统治阶级政治统治的需要，这时期的政治思想从春秋战国时期的百家争鸣逐步转变为秦王朝的以法家思想为主、汉初的道家思想、到汉武帝时期兼采众家之长的新儒学，并形成了“三纲五常”的完整体系，进而统治中国社会达两千年之久。

在经济上，由于重农政策的实行，农业得到大大发展，主要表现在：铁制农具和牛耕进一步普遍化；重视水利事业，修建了大量水利工程；农业耕作技术得到改进，提高了土地的利用率；耕地面积扩大，单位面积产量提高。手工业有了进一步的发展，主要有冶

铁、纺织、髹漆、青铜铸造、陶瓷生产、制盐和酿酒等生产部门。商业获得了空前发展，国内市场商品种类繁多，商品流通十分活跃；作为商业活动的场所——城市空前发达，咸阳、长安、洛阳等商业都市规模宏大，空前繁荣；“丝绸之路”开通，建立了中西交通的大动脉，中西贸易与往来自此日趋频繁。

在军事上，随着社会生产力的提高，武器装备有了长足的改进，主要兵器已基本由钢铁制造。为适应战争发展的需要，各兵种的设置更加合理。步兵、骑兵成为主要的独立兵种，尤其骑兵在汉武帝反击匈奴的战争期间及之后得到了长足发展，战斗力较以前也大为提高。水军也有了较大发展，在秦南攻百越之役和东汉初的灭蜀之战中都曾起了重要作用。车兵逐渐降到了次要地位。

在文化上，汉代表现出了多元性、统一性、包容性、和谐性与创造性，使中华传统文化具有了博大兼容的特点。既能坚持本土文化的传播，又能不断吸纳其他民族的优秀文化来丰富自己，为己所用。

在民族关系上，秦汉王朝都加强了对边疆地区少数民族的有效管理，拓展了疆域，加强了内地同边疆地区的经济文化交流。

在对外关系上，秦汉同周边国家和地区的交往逐渐发展起来，以中国为中心的东亚文化圈日益扩展，陆海丝绸之路的相继开辟使得中华文明源源不断地传到西方。

在科技上，科学技术取得了许多重大成就，居世界领先地位。一贯为中国古代人们所重视的天文历法、算学、医药学又有了新突破。造纸术的发明与改进更具开创性，它对人类文明发展的影响巨大而又深远。

在宗教上，佛教传入，道教始创，中国古代宗教格局的基本框架形成。

人物篇

秦汉时期是中国历史上承前启后的时期，卓有建树。毛泽东在谈到中国历史上的重要人物时，只谈四个人，其中这一时期占了两个，就是秦皇汉武，可见其对中国历史发展的贡献。当然除了帝王将相以外，还有不少的史学、文学、科技、军事等方面的人物，同样是不可忽视的。

千古一帝：秦始皇

秦始皇，姓嬴名政（前 259—前 210），秦庄襄王之子。13 岁即王位，39 岁称皇帝，在位 37 年，是中国古代著名的政治家、战略家、改革家。在位期间，平灭了六国，结束了长期的分裂割据局面，创建了中国第一个多民族的中央集权国家。建立皇帝制度，在中央实行三公九卿制，管理国家大事。地方上废除分封制，实行郡县制，同时又统一文字、货币、度量衡。对外北击匈奴，南征百越，修筑万里长城和灵渠。还把中国推向了大一统时代，为建立专制主义中央集权制度开创了新局面，奠定中国两千余年政治制度和疆域的基本格局，对中国和世界历史产生了深远影响。他被明代思想家李贽誉为“千古一帝”。同时在其统治时期急于求成，大兴土木，过于残暴，在继承人问题上犯了错误，从而加速了秦王朝的灭亡。

秦始皇像

汉高祖长陵

西汉开国皇帝：汉高祖

汉高祖刘邦（前256—前195），汉朝开国皇帝，汉民族和汉文化伟大的开拓者之一，中国历史上杰出的政治家，对汉族的发展以及中国的统一和强大有突出贡献。秦朝末年陈胜起事后不久，刘邦率三千子弟响应起义，攻占沛县等地，称沛公，不久投奔项梁。公元前206年，刘邦率领军队首先进入关中，秦朝灭亡。于是废秦苛法，与关中父老约法三章，得到关中父老百姓的拥护。后被项羽封为汉王。楚汉战争中知人善任，以少胜多，打败项羽，统一天下。公元前202年即皇帝位，定都长安。登基后一方面消灭韩信等异姓诸侯王，另一方面采用休养生息之宽松政策治理天下，恢复了社会经济，稳定了统治秩序。后在讨伐英布叛乱中被流矢射中，公元前195年去世，庙号太祖，谥号高皇帝。

汉景帝阳陵

文景之治的缔造者：汉景帝

景帝刘启（前 188—前 141），汉高祖刘邦之孙、武帝刘彻之父。公元前 157 年即位。在位的 17 年中，对内“无为而治”“与民休息”，平定“七国之乱”；对外“和亲匈奴”，维护国家安定。景帝使西汉王朝政治清明、国家安定、经济繁荣、百姓富足，形成了中国古代社会发展上的第一个高峰。他与父亲汉文帝共同开创的“文景之治”被誉为治国安邦的黄金时代。这种太平美好的和乐景象在其阳陵陵园中也得到了充分体现。

雄才大略：汉武帝

汉武帝刘彻（前 156—前 87），西汉的第七位皇帝，杰出的政治家、战略家。在政治上，为巩固皇权，汉武帝建立了中朝，以削弱丞相的权力。在地方设置刺史，监督地方管理行为，以强化中央集权。采纳主父偃的建议，颁行“推恩令”，削减诸侯王国势力；在人才制度上，开创察举制选拔人才，扩大了统治基础；在经济上，将盐铁和铸币权收归中央；在思想文化上，采纳了董仲舒“罢黜百家，表彰六经”的建议，从而确定了儒家思想的正统地位，并兴办太学；在对外关系上，开疆拓土，击溃匈奴，东并朝鲜，南征百越，西踰葱岭，征服大宛，奠定了中国的疆域版图的基础，首开丝绸之路，为中西经济文化交流打下了良好的基础。汉武帝开创的“汉武盛世”，是中国历史上的三大盛世之一。晚年的汉武帝穷兵黩武，又造成了“巫蛊之祸”。征和四年刘彻下“罪己诏”，挽救了西汉王朝。公元前 87 年刘彻崩于五柞宫，享年七十岁，谥号孝武皇帝，葬于茂陵。

汉武帝像

西汉中兴皇帝：汉宣帝

汉宣帝刘询（前 91—前 49），原名刘病已，是汉武帝和卫子夫的曾孙，戾太子刘据和史良娣的孙子。巫蛊之祸时，尚在襁褓中的刘询曾被下狱。公元前 74 年，昌邑王刘贺被废后，霍光等大臣将他从民间迎入宫中，先封为阳武侯，于同年 7 月继位，时年十七岁。他是中国历史上第一位在即位前受过牢狱之苦的皇帝。由于刘询幼年遭遇变故，长期生活在民间，因此对老百姓的疾苦和吏治得失有所了解，这对他的施政有直接影响。在对外关系上，联合乌孙打击匈奴，设置西域都护府监护西域诸城各国，使天山南北这一广袤地区正式归属于西汉中央政权。宣帝在位期间，全国政治清明、社会和谐、经济繁荣，“吏称其职，民安其业”，史称“宣帝中兴”。

汉宣帝杜陵

汉光武帝画像

东汉开国皇帝：汉光武帝

汉光武帝刘秀（前 5—57），东汉王朝开国皇帝，是中国历史上杰出的政治家、军事家。新莽末年，海内分崩，天下大乱，身为一介布衣却有前朝贵族血统的刘秀在家乡乘势起兵。公元 25 年，刘秀与更始政权公开决裂，于河北登基称帝，为表刘氏重兴之意，仍以“汉”为其国号，史称“东汉”。经过长达十二年之久的统一战争，刘秀先后平灭了关东、陇右、西蜀等地的割据政权，结束了自新莽末年以来近二十年的军阀混战与割据局面。刘秀在位三十三年，大兴儒学、推崇气节，东汉一朝也被后世史家推崇为中国历史上“风化最美、儒学最盛”的时代。史称“光武中兴”。

霍去病墓全景

封狼居胥的少年将军：霍去病

霍去病（前 145 或前 140—前 117），西汉杰出的军事家、统帅。大将军卫青姊卫少儿之子，卫青的外甥。任骠骑将军，被封为冠军侯，与卫青并为大司马。霍去病前后六次出击匈奴，作战勇猛，果敢深入，每战皆胜，深得武帝信任。武帝为表彰他的功绩，为他建造府第，让他去看，他却回答："匈奴未灭，无以家为。"但他英年早逝，天子悲悼，举国凭吊。武帝在自己的陵园内给他修坟墓，调发属国铁甲军，列队从长安直到茂陵为他送葬，墓的外形像祁连山。霍去病的墓至今仍然矗立在茂陵旁边，墓前的"马踏匈奴"石像象征着他为国家立下的不朽功勋。

儒家思想的倡导者：董仲舒

董仲舒（前 179—前 104），汉代思想家、哲学家、政治家、教育家。汉武帝时期，朝廷下诏各地推荐贤良文学之士，董仲舒被推举参加策问。汉武帝连续对董仲舒进行了三次策问，基本内容是天人关系问题，所以称为“天人三策”。董仲舒在对策中，详细阐述了天人感应，论述了神权与君权的关系，在《举贤良对策》中系统地提出了“天人感应”“大一统”学说和“罢黜百家，表彰六经”的主张。董仲舒的思想维护了汉武帝的集权统治，从而使儒家思想成为后来历代统治阶级进行统治的思想武器。思想文章千秋传送，大儒风韵万代流芳。

董仲舒墓外景

政治篇

秦汉时期是中国古代政治制度建立的重要时期，“汉承秦制”，既有继承，也有创新。特别是秦统一后创立的各种制度对后代产生了极为重要的影响。

皇帝制度

皇帝制度是秦始皇创立的。“皇帝”这一称号源于上古传说中的三皇五帝。秦王嬴政完成了统一六国大业之后，自认为“德兼三皇，功过五帝”，决定用“皇帝”作为最高统治者的专用称号，并建立起皇权专制的政治体制。

这是一种以皇帝为中心、实行皇权至上和皇权专制的政治制度。以君权神授学说为理论基础，用严格的等级、礼乐制度和皇位继承等各种规定和措施，集中突出皇帝个人的权威地位，保证皇帝高踞于国家机器之上，拥有至高无上、不受制约的绝对权力。经过历代王朝的不断发展、强化，直至1916年袁世凯政权的垮台才彻底废除，前后历时2137年，其间一直作为中国古代专制制度的重要特征，经历了由初创、完善、强化至消亡的过程。

汉代皇帝不断巩固自己的权力，汉武帝时期设置中朝，削弱丞相的权力。东汉光武帝刘秀名义上给跟随他打天下的功臣以尊崇的地位，暗地里却解除了他们的实权，选用熟悉典章制度、懂得治理国家的人为官吏。当时虽置三公，但事归台阁。尚书台成为皇帝发号施令的执行机构，所有权力集中于皇帝一身。

此皇后玉玺的主人是汉高祖刘邦的皇后吕雉，出土于汉高祖陵园的一条地沟边，是汉代皇后玉玺的唯一实物资料，也是目前发现年代最早的皇后印玺，对研究秦汉帝后玺印有着十分重要的价值，其历史、艺术价值很高。玉玺高2厘米，边长2.8厘米，重33克，以新疆和田羊脂白玉雕成。玉色纯净无瑕，晶莹润泽。纽为高浮雕的匍伏之螭虎。玺面阴刻篆书“皇后之玺”四字，字体结构严谨大方。

皇后玉玺
现藏陕西历史博物馆

三公九卿制度

秦王朝在确立皇帝尊号的同时，还总结了战国以来各国的官僚制度，建立起了一套适应封建统一国家需要的中央政府机构，这就是三公九卿制度。三公，即丞相、太尉、御史大夫。三公的职责分别为：丞相，辅佐皇帝处理全国事务，是皇帝的助手，从秦开始丞相正式成为官职，为中央政府中皇帝之下的最高长官；太尉，协助皇帝掌管全国军事；御史大夫，为丞相的助手，掌图籍章奏，监察百官，是皇帝的耳目。三公之间互不统属，直接隶属于皇帝，便于皇权集中。

三公之下的九卿为廷尉、治粟内史、奉常、典客、郎中令、少府、卫尉、太仆、宗正。其职责：廷尉，掌司法；治粟内史，掌国家财政税收；奉常，掌宗庙祭祀礼仪；典客，处理国内各少数民族事务和对外关系；郎中令，掌管皇帝的侍从警卫；少府，掌管专供皇室需要的山海池泽收入和官府手工业；卫尉，掌管宫廷警卫；太仆，掌宫廷车马；宗正，掌皇帝宗族事务。但无论三公还是九卿，均由皇帝任免，且不得世袭。

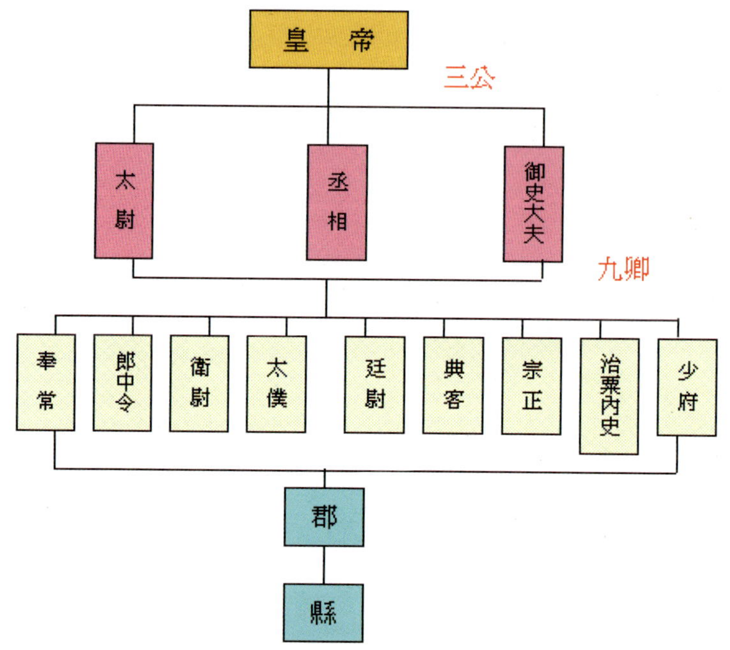

三公九卿示意图

秦始皇设立的三公九卿制度为封建专制中央集权国家制度的建立奠定了基础，对汉王朝及以后的历代封建王朝统治有重要的影响。这种制度沿用了近七百年，成为中国官僚制度的基础。

秦汉封泥，封泥又叫作“泥封”，它不是印章，而是古代用印的遗迹——盖有古代印章的干燥坚硬的泥团——保留下来的珍贵实物，起到保密的作用。由于原印是阴文，钤在泥上便成了阳文，其边为泥面，所以形成四周不等的宽边。秦汉封泥在各地多有发现，内容广泛，涉及当时社会的政治、经济、文化、军事等各个方面，可补充和纠正文献记载缺失与纰漏，是研究秦汉史的重要资料。二十世纪末，在西安市北郊相家巷村发掘出了数以千枚计的秦封泥，其内容之丰富、涉及之广泛，都是十分罕见的。所涉官职上至中央政府，下至所属官吏和为皇帝直接服务的内廷官员及县官令、丞，颇有秦代百官表和地理志的意味。

安台丞印

华阳丞印

寺工丞印

咸阳丞印

相丞之印

颖阳丞印

右丞相印

左丞相印

古人用简牍时，如有错讹，即以刀削之，所以古时的读书人及政客常常随身带着刀和笔，以便随时修改错误。因刀笔并用，历代的文职官员也就被称作“刀笔吏”。典出《史记·萧相国世家》：汉高祖刘邦的丞相萧何，原来是秦王朝的刀笔吏，无所作为。后来协助刘邦统一天下，建立大功，成了汉朝的开国丞相。在秦始皇陵陪葬坑中就发现了刀笔吏陶俑。

秦文官俑

现藏秦始皇帝陵博物院

宦官俑，俑高 60 厘米，发现于汉景帝阳陵从葬坑中。此俑是目前中国发现最早的宦者形象。此俑阴茎短小，阴囊全无。中国的宦官制度早在夏朝就已经出现，保存在大英博物馆中的一件中国阉割宦官所使用的工具就是最好的证明。汉代的宦官专权现象极为严重，对汉代统治造成重大影响，这件宦官俑的出土为研究汉代宫廷制度和古代宦官史提供了第一手的实物资料。

宦者丞印封泥

宦官俑
现藏阳陵博物馆

郡县制

郡县制是古代中央集权制在地方政权上的体现，它形成于战国时期，盛行于秦汉，是继分封制度之后出现的以郡统县的两级地方行政制度。

春秋时期已有县、郡的设置，当时县大于郡。随着边防设郡之地逐渐繁盛，内地的县逐渐增多，需要建立起更高一级的管理机构，于是就形成了郡、县两级制的地方管理体系。至战国末年，各国郡县的设立已很普遍。秦始皇统一天下以后，废除了分封制度，全面推行郡县制度。将全国分为三十六郡，后随边疆的不断开发和郡治的调整，郡的数量在不断增多。

郡是中央政府辖下的地方行政单位，其组织机构与中央政府略同，设郡守、郡尉、郡监。郡守，为一郡最高行政长官，掌全郡政务，由皇帝任命，不得世袭，直接受中央政府节制；郡尉，辅佐郡守，掌管全郡军事；郡监，掌监察工作。郡以下设县或道。县是秦朝统治机构中关键的一级组织，是从中央到地方政府机构中具有相对独立性的一个单位。内地设县，边疆少数民族地区设道。满万户以上的县长官称县令，不满万户的称县长。

西汉时实行郡国并行制，先分封了异姓诸侯王，后又改为同姓诸侯王。同时不断增立新郡，全国共有 103 个郡国。郡县制以地域关系代替血缘关系，废除了旧贵族的世袭特权，有利于形成中央对地方的垂直管理体系，为后来两千年的地方行政体制奠定了坚固的基础。

从汉武帝开始，由于郡国不断增加，不利于加强中央集权，自元封五年始在郡之上又设了 13 个部，每部派一刺史，每个部管辖若干郡（国）。但此时的部是监察区，还不是真正意义上的行政区划。东汉末年，地方多事，朝廷遂选重臣出任刺史，掌一州军民，州部从监察区变为行政区。至此，中国地方行政体制由原本的郡县两级制度变为州郡县三级制。

秦郡分布示意图

法律

秦朝的法律是对战国以来法律的继承和发展。商鞅将李悝《法经》六篇改为六律，即《盗律》《贼律》《囚律》《捕律》《杂律》《具律》，从而奠定了秦律的基础。后来秦律仍然在不断地修改、补充。1975 年在湖北云梦睡虎地秦墓出土的大批竹简，提供了从商鞅变法到秦始皇时期立法的概况。其中有《秦律十八种》《效律》《秦律杂抄》《法律答问》《封诊式》等，都是墓主人摘录的秦时的法律条文。根据这些条文，可以看到商鞅变法以后秦立法活动的两个特点：其一是国家对社会经济活动的法律干预加强了；其二是行政立法开始形成。秦统一以后，为了改变由诸侯割据造成的“律令异法”的局面，在秦律的基础上“一法律”“定刑名”，在政治统一的同时实现了全国法律的统一。

西汉皇朝建立初期，接受了秦亡的教训，在法律上改弦更张。刘邦入关后，与民约法三章：“杀人者死，伤人及盗抵罪。”后命萧何制定《九章律》，即在秦六律基础上增加了户、兴、厩三章，成为汉代法律的蓝本，以后法律逐步完善。湖北张家山发现的《二年律令》汉简就是汉初法律的真实反映。东汉时期的法律在西汉基础上继续完善。

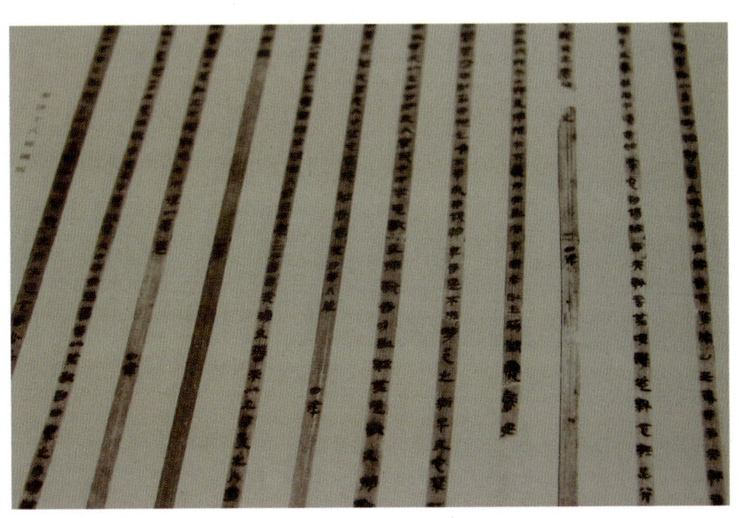

云梦秦简

现藏湖北省博物馆

云梦秦简，又称睡虎地秦简，是 1975 年 12 月在湖北省云梦县睡虎地秦墓中出土的 1155 枚竹简。这些简长 23.1—27.8 厘米，宽 0.5—0.8 厘米，内文为墨书秦篆，写于战国晚期及秦始皇时期，近 4 万字。其反映的历史长达 100 余年，早到商鞅变法，晚到秦始皇三十年。其内容主要是秦朝时的法律制度，包括《秦律十八种》《效律》《秦律杂抄》《法律答问》《封诊式》等，还有行政文书《为吏之道》以及关于预测吉凶的《日书》，为研究秦帝国的政治、法律、经济、文化、社会风俗等提供了翔实的资料，具有十分重要的学术价值。

里耶秦简，2002 年发现于湖南省湘西土家族苗族自治州龙山县里耶镇里耶古城 1 号井，共 36000 多枚。里耶秦简内容丰富，涵括户口、土地开垦、物产、田租赋税、劳役徭役、仓储钱粮、兵甲物资、道路里程、邮驿津渡管理、奴隶买卖、刑徒管理、祭祀先农以及教育、医药等相关政令和文书，主要内容是秦洞庭郡迁陵县的档案。里耶秦简是继秦始皇兵马俑之后秦代考古的又一重大发现，将大大填补史料的缺佚。它的重要性在于将极大地改变和充实人们原有的知识结构，从某种意义上说它将从根本上改变秦史研究的面貌。

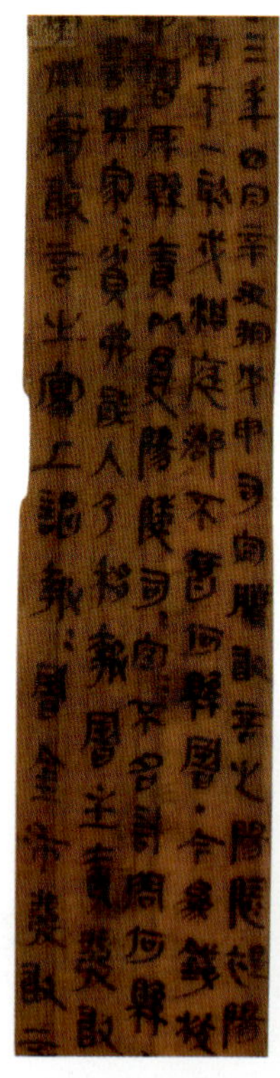

里耶秦简

现藏里耶秦简博物馆

张家山汉简
现藏湖北省博物馆

张家山汉简《二年律令》，出土于湖北，是汉初的法律。当时有法律二十七种和令一种（津关令），法律包括贼律、盗律、具律、告律、捕律、亡律、收律、襍律、钱律、置吏律、均输律、传食律、田律、□市律、行书律、复律、赐律、户律、效律、傅律、置后律、爵律、兴律、徭律、金布律、秩律、史律等。汉代律令散失严重，多种汉初律令的出土对于研究汉律具有重大意义。

文景之治

吕后死后，诸吕之乱被以周勃为领袖的大臣铲除，众臣迎立汉文帝刘恒。在汉文帝的皇后窦漪房的影响下，文帝和儿子景帝在位期间，继续采取黄老无为而治的手段，实行轻徭薄赋、与民休息、减轻刑罚、勤俭持国等政策，恩威并施，恢复了因多年战争造成巨大破坏的经济，使人民负担得到减轻、休养生息。这一时期社会安定、经济发展，老百姓安居乐业，史称“文景之治”，是中国进入大一统时代以来第一个被传统历史学家称羡的治世时代。

汉景帝阳陵出土的储粮陶仓

削藩

西汉初期实行的郡国并行制，使诸侯王的势力不断增长，对中央集权造成重大威胁。于是文帝、景帝、武帝采取了一系列削减诸侯封地和权力的措施。刘邦在逐步消灭异姓王的同时，广封自己的子弟为王，认为天下同姓一家可以屏藩朝廷。然而事与愿违，各地诸侯纷纷闹事。汉文帝继位后，为加强统治，采用贾谊“众建诸侯而少其力”的策略，把一些大诸侯国分为几个小国，以图削弱诸侯王的势力。但是诸侯王对中央的威胁并没有得到彻底解决。景帝时期，中央专制皇权与地方王国势力的矛盾日益激化，发生了吴楚七国之乱，经过三个月才被平定。汉武帝时期继续采取各种措施，终于削弱了诸侯王的权力，使汉王朝的统治得以延续。

经济篇

秦汉时期的经济取得了长足的发展，主要表现在农业、手工业和商业上。农业上的表现主要是生产工具的改进、大型水利工程的修建、农业生产技术的进步和单位面积产量的提高、人口的增加等方面；手工业的发展表现在纺织、制陶、冶铁、漆器、玉器、青铜器制造等方面；商业更是取得了长足的进步，城市规模和功能不断扩大，丝绸之路大大促进了与域外的交流和文化互鉴。

农业

秦汉时期的农业得到了大幅的提升。牛耕在秦汉时期得到推广，在出土的秦汉时期铁农具中，犁铧的比例明显增加。目前已出土的汉代犁铧绝大部分属于汉代中期以后。陕西关中是汉代犁铧出土集中的地区，多为全铁铧。“二牛抬杠”，也即文献中所说的“耦犁”经常在考古中发现。西汉农学家赵过在推广代田法时所用的农具中还有耧车。

汉代铁犁铧

随着农业生产工具的改进，农田水利大型工程大量出现，比如关中地区的白渠、成国渠、六辅渠、龙首渠等等，这使农业灌溉成为可能，大大提高了单位面积产量。

秦汉时期主要粮食作物种类与战国时代大体一致。《氾胜之书》以禾、秫、稻、黍、小麦、大麦、大豆、小豆、麻为九谷。粟仍然是最重要的粮食作物。汉代人称“稷”为“五谷之长”，考古发现的有关遗物也多。

汉代的耕作技术出现了代田法和区种法，对于提高粮食单位面积产量是非常有效的。在水稻栽培方面也积累了不少的经验。

这一时期的园艺、畜牧和桑蚕技术也得到了大的发展，成为农业经济的重要补充。

二牛抬杠画像石，出土于陕北绥德县。前为二牛抬着一部起步的犁，后为耕者，缓步在前行。这种二牛抬杠的耕田图，再现了汉代劳动人民辛勤耕作的一种方法。这种画像石在全国各地多有发现。同时在陕北东汉墓葬中也发现了二牛抬杠壁画。这种画面雕刻的出现，表明了当时的农耕技术以及方法与我们现代已几近相同，这是当时民间艺术家在热爱和熟悉生活的情况下才创造出的写实作品。

二牛抬杠画像石

二牛抬杠壁画

汉耧车，播种机械，由耧架、耧斗、耧腿、耧铲等构成，是开沟、下种、覆土三合一多功能的播种工具，可播大麦、小麦、大豆、高粱等，是现代播种机的始祖。其播种幅宽不一、行数不同，汉武帝的时候赵过在一脚耧和二脚耧的基础上创造发明了能同时播种三行的三脚耧。使用时一人在前面牵牛拉着耧车，一人在后面手扶耧车播种，大大提高了播种效率。这种耧车直到近现代还在使用。

复原汉耧车

现藏中国国家博物馆

舂米画像砖，四川彭山县出土。除了先秦已有的杵臼外，汉代加工谷物先后出现了脚踏碓、畜力碓和水力碓。脚踏碓在汉代应用普遍，西汉末年的思想家桓谭说其效率十倍于手工杵舂。画面上部是一座立在四根粗桩上的干栏式粮仓。左下部两人立在矮架上踏碓舂谷。右下部一人持桶倾倒已舂完的谷，另一人持双扇飏风除糠。这块画像砖完整而精细地刻画了当时脚踏碓的结构和操作景象。

春米画像砖
现藏四川博物院

秦玉璧

西汉铜镜

手工业

秦汉时期的手工业是上承战国而加速发展的时期，大致可分为纺织业、制盐业、酿造业、矿冶业、日用器皿制造业等生产门类。考古出土的丝织品、漆器、金银器和铜器表明当时手工业的生产技术已经达到了很高的水平。

秦汉官府手工业的类别较多，主要有采矿业和冶炼业、煮盐业、漆器手工业等。此外，还有纺织手工业、染色及酿酒等加工性手工业、建筑器材制作手工业、兵器、车辆、陶器等日常用品制作手工业等。官府经营这些重要的手工业，是增加国家财政收入、稳定市场价格、发展农业生产、打击割据势力和富商大贾、加强中央集权制度的物质基础的有力措施。

秦汉时期的民间手工业也得到发展，其表现形式通常有三种：一为独立的民营手工业者所经营的手工业；二为大手工业主经营的手工业；三为同农业相结合并作为它的副业的个体小农经营的家庭手工业。主要的门类有采矿业、煮盐业、冶铸业、纺织业、造纸业等。

秦朝的手工业管理制度是非常严格的。对于兵器等的管理，从相邦、工师、丞到一个个工匠，层层负责，任何一个质量问题都可以通过兵器上刻的名字查到责任人，这就是“物勒工名”的用意。“物勒工名，以考其诚，功有不当，必行其罪”，这一制度是秦手工业生产管理模式的具体反映，对提高手工业产品质量有重要意义。在秦兵马俑的身上，也发现了大量的工匠名字。

秦兵马俑的作者

秦始皇陵青铜大鼎

现藏秦始皇陵博物院

秦始皇陵青铜大鼎，出土于秦始皇陵陪葬坑，通高 61 厘米，重量 212 公斤，是目前秦始皇帝陵园范围内发现的质量最重、体积最大的铜鼎，被誉为“秦陵第一鼎”。它外形为椭圆形，子母口，目前未发现鼎盖。鼎体为双耳三足直肩环底形，耳部、肩部、腹部均有精美的纹饰。耳部为方形，高 22.5 厘米，宽 18 厘米，厚 4.8 厘米；肩外部与腹部以交替蟠螭纹为主。三只鼎腿均为短粗形的兽足形，高 24.6 厘米。腿根部均为变形鹰面纹，酷似猫头鹰，双目圆睁，口中衔一块状物。整体上看，该鼎气魄恢宏，造型精美厚重，纹饰构图饱满，线条优美纤细。

秦青铜巨龙，出土地不详。龙长 240 厘米，宽 100 厘米，高 40 厘米。龙体中空，形体巨大，头略呈方形，鼓目、翻鼻、张口，身饰鱼鳞纹，尾盘卷为中空的锥体，极具视觉冲击力和震撼力。巨龙是秦始皇统一六国后，收天下兵器“聚之咸阳，铸以为钟镓”的大型乐器架的底座。青铜龙被发现时已经被文物贩子肢解，差点儿就流散海外。1993 年冬天，在打击盗窃机动车犯罪行动中，西安市公安局查获了一辆赃车，在其后备厢内发现一堆包裹严实的青铜残件，铜锈斑驳，总共八块，重 92.5 公斤。西安市公安局将八件秦代青铜龙残件移交陕西历史博物馆，经文物修复专家反复研究、仔细拼对，发现这是一件令人叹为观止的秦代青铜重器。专家判断，盘缠青铜龙应该是一对，只可惜其他残件不知身在何处。

秦青铜巨龙

现藏陕西历史博物馆

铜奔马
现藏甘肃省博物馆

铜奔马，甘肃武威市雷台汉墓出土。通高 34.5 厘米，长 45 厘米，宽 13.1 厘米，重 7.3 公斤。造型矫健精美，作昂首嘶鸣、疾足奔驰状。塑造者摄取了奔马三足腾空、一足超越飞鸟的那一瞬间，让飞鸟回首惊顾，更增强奔马疾速向前的动势。其全身的着力点集注于超越飞鸟的一足上，精确地掌握了力学平衡原理，具有卓越的工艺技术水平。铜奔马是按照良马式的标准去塑造的，集西域马和蒙古马种的优点于一身，特别是表现出河西走马秉赋的对侧步特征。构思巧妙，艺术造型精湛，铸铜工艺卓越。铜奔马被认为是东、西方文化交往的使者和象征，被确定为中国旅游的标志。

四兽纽熊足铜鼎

现藏河北省博物馆

四兽纽熊足铜鼎，1968年河北满城陵山中山靖王刘胜墓出土，通高18.1厘米，口径17.2厘米，腹径19.6厘米。鼎身子口微敛，圜底，三熊足，熊作蹲立状。腹两侧附长方形耳，耳上有可翻转的小兽纽。腹有一周凸弦纹。鼎盖似覆盘，其上有四小兽作等距离环立。鼎盖扣合后将鼎耳兽纽翻转于盖上，向左转动鼎盖，盖上小兽头部恰好卡于鼎耳兽纽上，使鼎盖闭锁。类似于现在的高压锅。

鎏金铜马
现藏茂陵博物馆

鎏金铜马，1981 年在陕西兴平茂陵一号无名氏陪葬坑出土。通高 62 厘米，长 76 厘米，重 25.55 公斤。铜马制作工艺精湛，昂首站立，情态神骏，口微张，有牙齿六颗。马蹄坚实，马尾和生殖器是另铸铆接或焊接的，马身中空，马的肌肉和筋骨的雕刻符合解剖比例，马体匀称适度，造型朴实稳重。铜马通体鎏金，表面光洁度很高，鎏金匀厚，金光灿烂，达到了极高的艺术水平，常年在国外巡展。

错金银云纹铜犀尊，1963 年陕西省兴平县出土。高 34.1 厘米，长 58.1 厘米。铜尊造型是一头肥硕健壮的犀牛，目视前方，昂首伫立，头部有一前一后的双角，两耳短小耸立，双目为料珠镶嵌，虽小却闪烁有光，充满了奕奕的神采，颧骨突起，仿佛可以透过皮肤感觉到骨骼的形状和起伏，口部一侧设有管状流口，用于倒酒。

器腹圆鼓中空，显得腹部皮肉十分松弛，但结实有力，富有韧性。背部有椭圆形尊口，上覆素面铜盖，盖有活环，可以开合，用于注入酒液。犀尊表面遍饰精细的错金银云纹，全身布满的流云纹嵌入了断断续续的金银丝，好像犀牛身上的毫毛，金、银、铜三色交相辉映，华美的纹饰既具有很强的装饰效果，又有助于表现犀皮粗糙厚重的质感，使纹饰与造型得到完美的结合。堪称秦汉时期青铜器之佳品。

错金银云纹铜犀尊

现藏中国国家博物馆

错金博山炉，满城中山靖王刘胜墓出土，通高26厘米。炉身似豆形，通体用金丝和金片错出舒展的云气纹。炉盘上部和炉盖铸出高低起伏的山峦。炉盖上因山势镂孔，雕塑出生动的山间景色。山间神兽出没，虎豹奔走，轻捷的小猴或蹲踞在峦峰高处、或骑坐在兽背上嬉戏玩耍，猎人手持弓箭巡猎山间。座把透雕成三龙出水状，以龙头擎托炉盘。工艺精湛，装饰华美，是一件举世闻名的珍宝。

错金博山炉

现藏河北省博物馆

鎏金银竹节铜熏炉，1981 年出土于陕西兴平茂陵一座陪葬墓。这件熏炉为青铜质地，通体鎏金鎏银。熏炉的底座上透雕着两条蟠龙，两条龙昂首张口咬住竹柄。竹节形的柄分为五节，节上还刻着竹叶，柄的上端有三条蟠龙将熏炉托起。熏炉为博山形，炉体下部雕饰蟠龙纹，底色鎏银，龙身鎏金，炉体上部浮雕四条金龙，龙首回顾，龙身从波涛中腾出，线条流畅，造型奇妙。整件熏炉被分为三个装饰区域，共有九条龙装点其间。“九”在我国古代象征最高数字，是皇权的一种体现。由炉盖外侧铭文可知，此炉是西汉皇家未央宫的生活用器。从同时出土的“阳信家”刻铭的铜器分析，加之历史文献的记载，可知这件熏炉原在未央宫，建元五年（前 136），汉武帝将其赏赐给姐姐阳信长公主。西汉时，帝王为了求得长生不老之术，大都信奉方士神仙之说，博山炉就是在这种风气影响下产生，并在汉代广为流行的。此件属于国宝级文物。

鎏金银竹节铜熏炉

现藏陕西历史博物馆

汉代鎏金嵌料鹰形镈，西安市未央宫乡大白杨东村出土。两镈成对，均长22厘米，宽22厘米，厚3厘米。铜质，是带柄兵器的饰件。通体为巨鹰形，以弧形相连构成。其一端有孔，可装柄；另一端为平首鹰，鹰首挺立。鹰头顶及眼嵌有涡纹料片，喙为尖钩形，后颈亦有一凸出尖钩形，如怒鹰颈羽竖起。制作精巧，构思奇特，结构严谨。

汉代鎏金嵌料鹰形镈

现藏西安博物院

鎏金中国大宁博局纹镜

现藏中国国家博物馆

鎏金中国大宁博局纹镜，1952年湖南长沙出土。径18.6厘米，圆纽，柿蒂纹纽座。柿蒂纹间各有一兽头，外围双线方栏。方栏外饰博局纹，间饰神人、鸟兽纹。周边有铭文，其内容为：“中国大宁，子孙益昌，黄裳元吉，有纪纲。圣人之作镜兮，取气于五行。生于道康兮，咸有文章。光象日月，其质清刚。以视玉容兮，辟去不祥。”此镜表面鎏金，铭文工整。

秦高足玉杯，1976 年陕西西安阿房宫遗址出土。高 14.5 厘米，口径 6.4 厘米。玉杯呈青色。杯身呈直口筒状，上层饰有柿蒂、流云纹，中层勾连卷云纹，下饰流云、如意纹。足似豆形，豆的腹部刻有丝束样花纹，玉杯上方与下方均有水银沁，余下多为黄香沁及铁锈斑。为秦代罕见的佳作。也有学者认为是汉代的。

秦高足玉杯

现藏西安博物院

2010 年杜陵出土三件高足玉杯和相连在一起的一对圆雕玉舞人，均为新疆和田玉，是汉宣帝御用品。每件玉杯均在杯体外琢磨出三组九圈凹弦纹，杯体制作规整，抛磨光洁。三件玉杯大小非常接近，最高的 13.4 厘米，其次是 12.8 厘米和 12.3 厘米。其中两件玉杯上束有厚 0.1 厘米的扁平状金箍，材质细腻、工艺精湛，具有很强的装饰性。一对玉舞人均为圆雕，系由一块玉料雕琢而成。两件玉舞人造型、大小几乎完全相同，均为 10 厘米多一点，眉清目秀、细鼻小嘴、身材纤细、婀娜多姿，头顶圆盘长发，发辫自然下垂，身着多层长袖长摆裙，双脚穿翘头履。左侧玉舞人双手提袖拢于腰部，窄长袖紧贴衣裙下飘；右侧玉舞人左小臂向上伸直，右手摁于腰部，窄长袖弯曲下甩。这对玉舞人是迄今为止发现的有明确出土记录的形体最大、等级最高而且唯一两件相连的圆雕玉舞人。

杜陵玉器

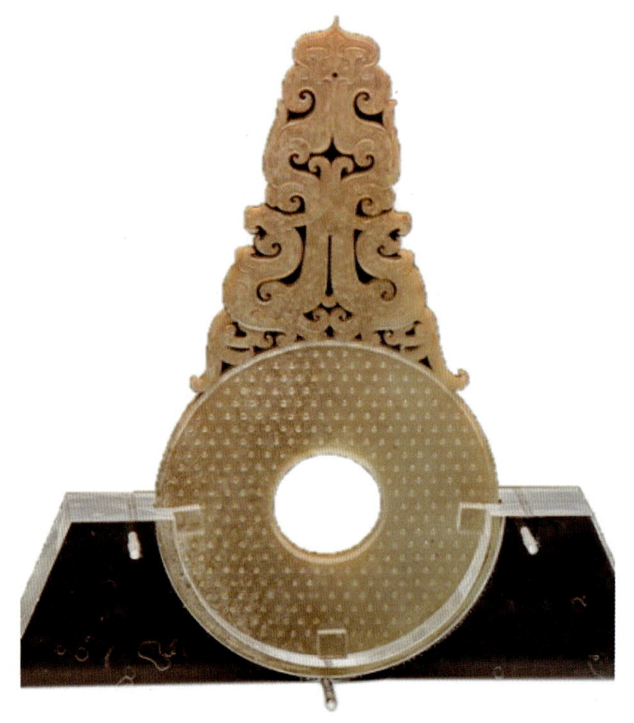

白玉双龙纹高纽谷纹璧

现藏河北省博物馆

白玉双龙纹高纽谷纹璧，1968 年河北满城陵山中山靖王刘胜墓出土，纽高 25.9 厘米，外径 13.4 厘米。玉质晶莹洁白，璧的两面雕琢细密的谷纹，周边起棱。璧的上端有透雕双龙卷云纹高纽，纹样优美，造型生动，雕琢精致，为汉代玉器中的珍品。

彩绘陶三进院落庄园，河南省淮阳出土，通高 66 厘米，面宽 114 厘米，进深 130 厘米。陶庄园由庭院和田园两大部分组成。庭院为三进院落。门楼两侧有相对称的三重檐四层角楼。中庭的主体建筑为二层楼阁。殿内有六个伎乐俑，分别做弹琴、吹笙、拍手等动作，俑前置陶盘、耳杯等饮食器，应为主人生前宴乐场所。中庭左侧有粮仓。后院为厨房、厕所、猪圈等设施。此座陶庄园模型规模宏大，建筑结构严谨，是当时地主庄园经济发展的真实写照。

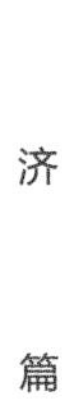

彩绘陶三进院落庄园
现藏河南省博物院

绿釉陶楼院

现藏甘肃省博物馆

绿釉陶楼院，甘肃省武威市雷台汉墓出土，院高 105 厘米，长 67.7 厘米，宽 54.4 厘米。陶质施绿釉，由可拆卸的 23 个部件组装而成。这座楼院是东汉后期豪强世家庄园坞壁的浓缩写照，为研究我国古代建筑提供了珍贵的实物资料。

彩绘云气三角纹漆壶，出土于扬州汉墓，高 12.4 厘米，口径 4.4 厘米，底 5.8 厘米。壶木胎，侈口，圆颈，扁球腹，圈足底。上置扁锥形盖，满髹褐漆地，朱漆绘。颈下饰十一条倒三角纹，上腹部在三角间隔中朱绘云气纹，下腹及圈足绘条纹，盖顶朱绘柿蒂纹，边饰云气纹。制饰华丽，制作精良，是一件极为精美的漆器。

彩绘云气三角纹漆壶
现藏扬州博物馆

青瓷四系罐，1954 年出土于湖南长沙识字岭。高 23.2 厘米，口径 11 厘米，底径 14.7 厘米。东汉是古代成熟瓷器的产生时期，完成了从原始瓷器向真正的、符合现代标准的瓷器的过渡，这一件器物可看作是这一过程中的产物。该罐小口、短颈、溜肩、鼓腹，肩、腹部曲线圆滑，下腹斜收，底平略内凹，肩部对称粘有四个泥条做成的小系，整体造型古朴大方，美观实用。罐的胎色呈灰白色，施青釉至器身下腹部，釉色晶莹明亮，釉面光洁如新，开片细密，胎釉结合紧密，是东汉青瓷中难得的佳品。

青瓷四系罐
现藏湖南省博物馆

彩绘木独角兽
现藏甘肃省博物馆

彩绘木独角兽，甘肃武威市磨嘴子汉墓出土，高 35 厘米，长 93.7 厘米。分体制作身、角、尾、足，再黏合而成，通体用红、黑彩绘，一侧涂白色。此兽做前行冲刺的动作。身体造型厚实，头、角、颈、背、尾高低起伏，错落有致，四肢动作变化生动，具威猛的气势。独角兽又名獬豸，是传说中的一种神兽，能抵御邪佞，将其置于墓葬门口，是为了起镇墓辟邪的作用。

素纱禅衣，1972 年出土于长沙马王堆一号汉墓。衣长 128 厘米，袖通长 190 厘米，仅重 49 克。此件素纱禅衣为交领，右衽，直裾，面料为素纱。因无颜色，没有衬里，出土遣册称其为素纱禅衣。如果除去袖口和领口，禅衣的重量只有 25 克左右，折叠后甚至可以放入火柴盒中，可谓“薄如蝉翼”“轻若烟雾”。素纱禅衣是世界上现存年代最早、保存最完整、制作工艺最精、最轻薄的一件衣服，属国宝级文物，它代表了西汉初养蚕、缫丝、织造工艺的最高水平。

素纱禅衣

现藏湖南省博物馆

黄色对鸟纹绮地乘云绣
现藏湖南省博物馆

黄色对鸟纹绮地乘云绣，1972 年长沙马王堆一号汉墓出土，长 50 厘米，宽 40.5 厘米。以黄色对鸟纹绮为坯料，用朱红、深绿、深绛、浅绿四色彩丝以锁针绣法绣成。绣品色彩绚丽，属蔓草组合纹样，纹样中的桃形为断裂的浆果，造型颇似鸟头。反映出高超的丝织业水平。

绢底平绣人像，武威市磨嘴子汉墓出土，高 7.2 厘米。红色绢底用绛、浅绿、浅黄、黑色丝线平绣二人像，作对话状。

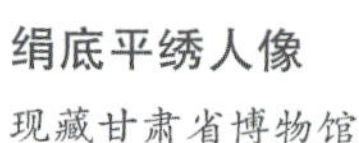

绢底平绣人像
现藏甘肃省博物馆

商业

随着统一局面的形成、巩固和农业、畜牧业、手工业的发展，秦汉时期的商业经济也出现了繁荣的景象。秦汉时期的商业，有官营和民营之分。在中原地区和少数民族居住的地区，也都有各具特色的商业活动。

盐、铁是官府经营的主要产品。由官府经营商业的方法在西汉初期有所放宽，允许私家出卖盐、铁。到汉武帝时实行了“盐铁官营”的政策，并扩大了经营范围，除盐、铁之外的金、银、铜、丹砂和酒的生产与销售都进入了官府经营的领域。王莽统治时期，官营商业又进一步扩大。东汉时期，虽然把盐、铁改为各郡国主管，实行了民营官税的制度，但其他官府手工业部门依然存在。

秦汉时期民营商业发展很快。云梦秦简中有专门的《关市律》，显然是关于管理关卡及市场交易等的法律，其中讲到“官府之吏”之从事商业者同“贾市居列者”同时并存，表明民营商业的存在。

西汉时期，全国已出现多个商业中心，如长安、洛阳、邯郸、江陵、吴、寿春、番禺、成都等。到东汉时期，中原地区商道线路发达，各地货物往来更加频繁。

随着西域局势的逐步稳定，商旅往来日益频繁，丝绸之路作为官方保护的商业道路在西汉后期形成，这也是世界历史上最重要的商道之一。汉朝遣使者至安息、奄蔡、条支和身毒等国，一年多则十余批，少则五、六批，携带金币、帛等物品，快则两、三年，慢则八、九年才能返回长安。中国运往西方的商品以丝绸、铁器和漆器为主；而良马、骆驼、香料、葡萄、石榴、苜蓿、胡麻、黄瓜、胡豆和胡桃等也源源不断地进入中国。

秦汉时期的都城内都有了市场的设置，且有专门的官吏进行管理，市场机制更加健全。不过，秦汉时期统治者同历代统治阶级一样，实行“重农抑商”的政策，限制商业的发展。

秦统一全国后，对货币进行统一，将战国时期采用的各种不同货币统一改为方孔圆钱半两钱，文如其值。汉代开始采用五铢钱，实现了中央对货币铸造权的集中。西汉时期的五铢钱，枚重五铢，形制规整，铸造精良。秦汉时期还有大量的黄金货币，诸如麟趾金、

马蹄金等，西汉时期黄金繁多，东汉时期逐渐减少。王莽代汉以后，改国号为新朝，颁布一系列改变币制的法令，禁五铢，行新钱，先后规定的货币达三十余种，其形式模仿周制，等级庞杂，使用不便，不足值的大额货币泛滥，导致经济混乱，不久即告失败。东汉继续恢复五铢钱，一直到唐王朝采用开元通宝，五铢钱才退出历史舞台。

秦半两钱

在秦统一六国之前，各国钱币的形状不一，秦始皇统一后在战国秦半两钱的基础上加以改进。秦半两青铜币以圆形方孔为货币造型，方孔代表地方，外圆代表天圆，象征着古代人“天圆地方”的宇宙观。青铜币上的“半两”二字为小篆文字，是由秦国著名的丞相李斯所题写。圆形方孔的秦半两钱在全国通行，结束了我国古代货币形状各异、重量悬殊的杂乱状态。“秦半两”的出现，标志着秦始皇在货币上的大一统，还标志着中国古代钱币的初步成熟，是中国货币发展过程中的一个里程碑，具有非凡的历史意义。圆形方孔钱币成为古代中国货币的基本形式，沿用了两千多年。

秦始皇铜权，呈十七棱面，空心。权身刻有两诏铭文，内容是秦王政二十六年和秦二世元年统一度量衡的两段诏文，其中铸刻秦始皇二十六年统一度量衡的诏书时除第一边五字、第五边三字外，其余每边四字，上下左右结构整齐，共40字。诏书原文为：“廿六年，皇帝尽并兼天下诸侯，黔首大安，立号为皇帝，乃诏丞相状、绾，

秦始皇铜权
现藏秦始皇帝陵博物院

法度量则不壹，歉疑者皆明壹之。”其意为：二十六年，始皇帝消灭了所有的诸侯，统一了中国，老百姓得到了安宁。现在立尊号为皇帝，于是命令丞相隗状和王绾，宣布全国统一度量衡制度，使有疑惑的都明确起来，一律校正统一。字体呈标准秦篆，书写工整，遒劲有力。铜权在全国各地多有出土，充分证明秦代统一的度量衡制度确实推行于全国。

秦两诏铜椭量，1982 年出土于陕西省礼泉县药王洞乡南晏村，高 7.3 厘米，口长 20.8 厘米，口宽 12.5 厘米，柄长 5.7 厘米。体呈椭圆形。器外壁的左右两侧分别刻有两组相同的秦始皇诏文，器底刻有秦二世诏文。在历年出土的战国量器和传世品中，铜质半斗量极为少见。此器不但是秦王朝统一度量衡的实物见证，也是研究我国古代度量衡制度的珍贵资料，具有十分重要的历史研究价值。

秦两诏铜椭量
现藏陕西历史博物馆

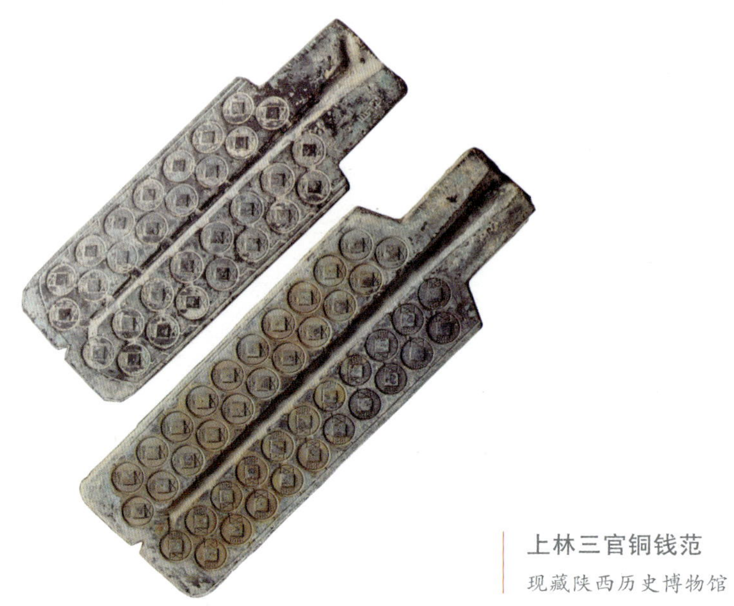

上林三官铜钱范

现藏陕西历史博物馆

上林三官是汉代主持铸造钱币的官员，即钟官、技巧、辨铜三官。由他们所铸规格整齐的五铢钱是钱币学与考古学上重要的分期标志。该钱范出土于西安兆伦遗址，此处是西汉时期最为重要的上林三官铸钱场地，是自汉武帝铸五铢钱始、直到王莽时期的国家造币工厂。该遗址规模巨大，面积达 90 多万平方米，跨户县、长安区两地边界。

汉代金饼，1999 年出土于陕西省西安市北郊谭家乡，每枚重 227.6—254.4 克。为汉代货币之一，主要用于皇室贵族间的赏赐与馈赠。此次出土的金饼共 219 枚，总重量 54116 克，是汉代金饼数量比较大的一次考古发现。最近海昏侯墓又发现了数百枚金饼。

汉代金饼

五铢叠铸铜母范
现藏上海博物馆

五铢叠铸铜母范，翻制五铢陶范的工具。长 13.5 厘米，宽 8.4 厘米，高 1.55 厘米。母范是用来翻制子范，子范则是直接用来铸钱。该范为长方盘形铜母范，内有“五铢”钱模八枚，用来打制泥陶子范，然后叠铸，铸成五铢钱。范面有八个钱型，四面四背，钱文为“五铢”，上下左右有阴阳榫卯。背左倾阴文隶书 27 字：“建武十七年三月丙申，太业监掾苍、考工令通、丞或令史凤、工周仪造。”极为罕见，铭文中有准确的帝王纪年及制作时间、铸钱属官、工匠姓名等内容，为佐证史料提供了珍贵的实物依据和标本，对于研究东汉币制沿袭及铸造工艺具有十分重要的学术参考价值。

王莽建立新朝后，托古改制，特别对货币的改革进行了四次。币制改革虽以失败告终，却留下一批制作精良的钱币精品，其中以“六泉十布”最为著名。六泉即“泉货六品”：小泉、幺泉、幼泉、中泉、壮泉、大泉。十布即“布货十品”：小布、幺布、幼布、序布、差布、中布、壮布、弟布、次布、大布黄千（“黄千”即“衡千”“当千”）。各品大小、轻重及币值依次递增，实则同一品大小亦常有变化。其中难得的当推壮泉四十，而十布中的小布一百特小型，目前仅见于此。

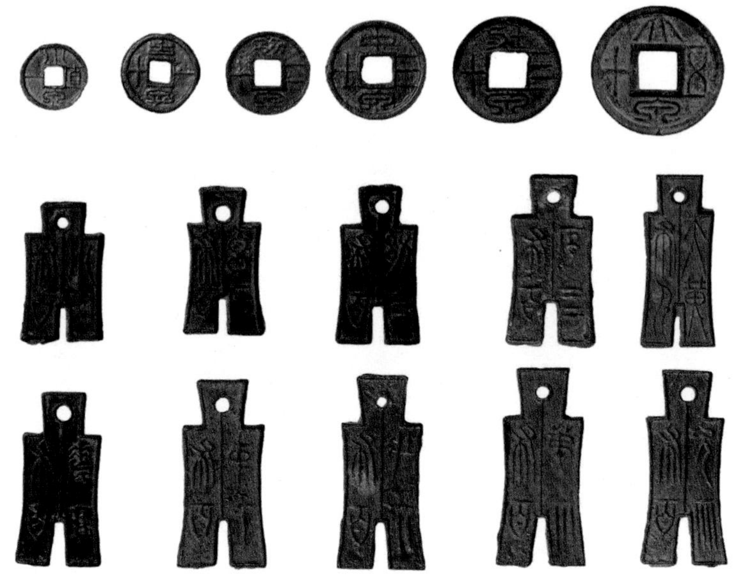

六泉十布
现藏上海博物馆

市井画像砖，四川广汉县出土。高 28 厘米，宽 48 厘米。图中市井外围有墙，十字形的市道划分成四大交易区，中央有一座市楼，市楼上置一鼓，击鼓以令市。砖面表现了市井的部分场面，布局疏密得体，人物生动传神，刻制朴质古拙。是汉代画像砖中的精品，反映了秦汉时期市场的运作与管理状况。

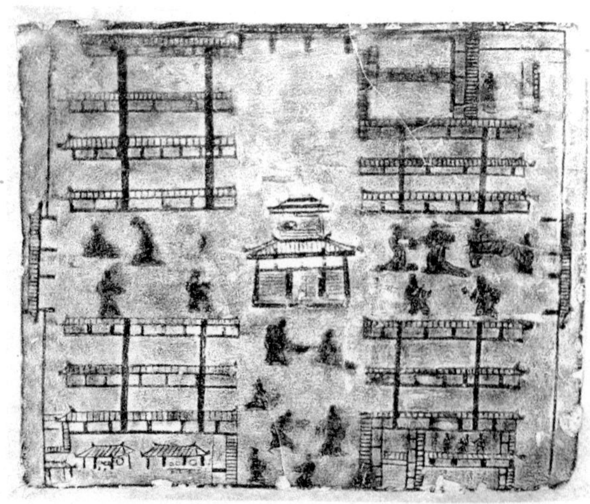

市井画像砖
现藏四川博物院

军事篇

秦汉时期的军事有了比较大的进步。随着社会的进步，生产力的发展，兵器得到了较大的改良。军事体制保持了高度集中和统一的特点，朝廷加强对军权控制；在频繁用兵过程中，军队结构、兵员征集等不断变化，骑兵成为重要兵种。募兵制逐渐施行，东汉以募兵制渐代征兵制。

兵种

秦国自商鞅变法以后，用军功爵制调动了官兵的积极性，军事实力大大增强。到了秦代，车、步、骑、水兵分编已成定制，作战时的配合是兵种的协同而不是编制的混合。

车兵虽已不是军队的主体，但仍然是战斗编组中不可缺少的一个重要兵种。从秦始皇陵兵马俑出土的情况看，车兵既有单独的编

秦兵马俑三号坑

队，也有与步兵相结合的编队，还有与骑兵相结合的编队，并有与步、骑同时结合的编队。步兵是秦代军队构成中的主体，秦始皇陵出土的绝大部分武士俑都是步兵俑。步兵灵活性大，能适应各种地形、天候和战斗形式，尤其利于在险阻复杂环境下行动，因而其区分和装备都较其他兵种复杂，使用也较其他兵种广泛。骑兵也是秦代的重要兵种之一，秦始皇陵兵马俑坑出土了中国最早的骑兵实物资料。战马都经过严格的训练和精选，骑士个个精强勇悍，一律穿短甲、手持弓箭，当时尚无马镫的出现。

秦时军队有严格的管理规定，带走五十个士兵就必须凭借虎符。虎符是古代皇帝调兵遣将用的兵符，用青铜或者黄金做成伏虎形状的令牌，分为两半，其中一半交给将帅，另一半由皇帝保存。虎符的背面刻有铭文，调兵遣将时需要两半勘合验真才能生效。虎符到汉代仍在沿用。

汉代的军队分中央军和郡国兵两部分。中央军可分为皇宫禁卫军和首都卫戍军两部分。皇宫禁卫军又分为两个系统。其一为郎中令（后改称光禄勋）系统，郎卫是皇帝的近卫亲军，负责皇宫内部警卫侍从、兼充仪仗，皇帝出巡或亲征时侍卫左右；其二为卫尉系统，卫士是皇室禁卫军，负责警卫皇帝、皇后、太后、太子所居宫殿及离宫别苑、帝王陵寝、宗庙、中央各官署。首都卫戍军负责都

徐州汉兵马俑

城的安全，分属南北军辖制，并作为中央直辖的机动部队，应付突发事件。

主管地方部队的，在郡是郡守和郡尉，在王国是中尉。地方部队是国家的基本武装力量，承担着训练役龄男子、储备后备兵员、向首都和边防部队输送合格士兵、维护地方治安、防范和镇压叛乱、听从中央征调、出境参加作战等任务。

汉代军队直接掌握在皇帝手中。征伐时，都是临时征调中央军或地方军某部，临时由皇帝委任将军指挥作战，事毕即归还原部。

目前发现的汉代兵马俑有汉长陵杨家湾三千兵马俑、阳陵兵马俑、徐州狮子山汉兵马俑等。

秦兵马俑坑是秦始皇陵的陪葬坑，象征着其生前统率的军队，位于陵园东侧 1500 米处。秦始皇陵兵马俑陪葬坑坐西向东，三坑

秦兵马俑一号坑前锋

呈“品”字形排列，总面积近两万平方米。俑坑内有约八千个兵马俑，其陶俑和陶马都是按照真人真马的大小做成的，是写实主义的雕塑杰作。最早发现的是一号俑坑，也是最大的一个坑，呈长方形，东西长 230 米，南北宽 62 米，深约 5 米，总面积 14260 平方米，是步兵和车兵相结合的长方形军阵。在一号坑的北侧和西北侧有二号坑和三号坑。二号坑面积为 6000 平方米，是由四个小阵组合的曲尺形大阵，包含步兵、车兵、骑兵等。三号坑是指挥部，兵俑们个个凝目聆听、镇静机智，且仪态英武，有一种一往无前的英雄气概，形象地再现了秦始皇“灭六国，天下一”的雄壮军容。兵马俑的塑造，基本上以现实生活为基础，手法细腻、明快。每个陶俑的装束、神态都不一样，光是人物的发式、胡须、带钩就有许多种，手势也各不相同，面部的表情更是千人千面。从他们的装束、神情和手势就可以判断出是官还是兵，是步兵还是骑兵。总体而言，所有的秦俑面容中都流露出秦人独有的威严与从容，具有鲜明的个性和强烈的时代特征。秦兵马俑以其杰出的雕塑工艺和深刻内涵被誉为“世界第八大奇迹”。

秦高级军吏俑，秦兵马俑坑中目前发现军衔最高的陶俑，现仅发现九件。高级军吏俑头戴双卷尾鹖冠，身穿双层长襦，外披鱼鳞甲，下着长裤，足蹬方口齐头翘尖履，双手作按剑状。服饰证明了他应为秦军的高级军官，从他的精神气度我们也可以发现他的官衔很高。比如目前看到的这一件高级军吏俑，通高近 2 米，身材魁梧，表情威严。他的额头上还可以看到一道道的皱纹，应是一位久经考验的老将。在高级军吏俑乘坐的战车上，考古人员还发现了战鼓和铜甬钟的遗迹，这些是古代指挥作战、击鼓鸣金的器物，由此可以确定高级军吏俑的职责就是指挥作战。

秦跪射俑，出土于秦兵马俑二号坑。通高 128 厘米，头挽发髻，身穿战袍，上身和两臂有铠甲，脚蹬方口翘尖履，呈蹲跪状，左腿蹲曲，右膝跪地，上体微向左侧转，双目凝视左前方，双手在身体右侧一上一下作握弓弩状，表现的是搭弓射箭的瞬间动作。该俑雕塑手法高度写真，整个形体的比例同真人大小，衣纹和铠甲伴着体态的变化而曲转，富有韵律感的线条烘托着人物的动态。纤细的缕缕发丝酷似真发，使人物形象更具真实感。

秦高级军吏俑

秦跪射俑

秦立射俑，出土于秦兵马俑二号坑。通高 178 厘米，头顶右侧绾圆髻，身着齐膝长襦，左足向左前跨出半步，双足略呈“丁”字形，左腿微拱，右腿后绷，左臂向左侧半举，右臂横屈胸前，头和身体微向左侧转，做出拉弓射击的准备姿势。立射俑为站立射箭姿势的轻装步兵俑，反映了秦代弓弩兵的作战方式，与跪射武士俑相配合，生动描绘了远射作战的情况。

秦御手俑，出土于秦兵马俑二号坑。高 190 厘米，头绾扁髻，戴单板长冠，穿褐色铠甲，无披膊，下穿长裤，足蹬方口履，双臂前举作执辔驾驭状。秦代战车上有铠甲俑三件，中间驾车的是御手俑，车士俑居左右两侧。御手俑的职责是驾驭车马，保护车马进退得宜，并兼主帅受伤可以代替其执掌指挥工具——金和鼓。御手俑是秦代战车的重要组成部分，再现了战车部队行进作战的情形。

秦立射俑

秦御手俑

秦鞍马骑兵俑

秦鞍马骑兵俑，出土于二号兵马俑坑。鞍马身长约200厘米，通高172厘米，体重约200公斤。骑兵俑身高180厘米以上，一手牵马缰，一手握弓箭。骑兵的装束和步兵不同：他们头戴圆形软帽，是为了防止骑兵在马上的时候长发散落影响骑乘，帽两侧的带扣紧系于颔下，以防帽子在马奔跑时掉落；铠甲齐腰，双肩无披膊，战袍在膝盖以上，腰束革带，下穿连裆紧口长裤，足蹬短靴，便于上下马和骑射。这是迄今为止发现的最古老也是最完整的骑兵形象。这组骑兵俑的出土，为我们研究秦国骑兵的发展提供了珍贵的实物资料。

秦青铜剑，出土于秦兵马俑坑，长91厘米。与之前考古发现的青铜剑有很大的不同，因为其长度太长了。最负盛名的越王勾践剑，长度仅为55.6厘米，而且当时的人们普遍认为60厘米似乎是青铜剑的极限。但是，秦青铜剑在铸造时加入了适量的锡，使得秦剑在硬度和韧性上几乎臻于完美，长度也大大地增加了。据研究表明，短兵相接时，刺比砍更具有优势，因为兵器更逼近对手。因此，比对手长大约30厘米的秦剑，格斗中更容易刺中对方。而且青铜剑上使用了氧化铬防锈技术，这在科技史上也传为佳话。所以尽管埋在地下两千多年，青铜剑至今仍寒光闪闪、锋利无比。

秦铜盾牌

秦青铜剑

秦铜盾牌，出土于秦始皇陵铜车马陪葬坑，通高 35.6 厘米，最宽处 23.5 厘米。盾为方首，弧肩，曲腰，平底。正面有一纵脊，中部隆起，背面有握手。铜盾上的彩绘纹样，内外两面均为变相的夔龙纹，龙体屈曲作飞腾状，故又名龙盾。这是目前发现的唯一青铜秦盾，为一次铸造成型。放置于一号铜车马高车驾车人右方右輢内侧的盾箙内，按当时实用盾尺寸缩小二分之一。这个盾与江陵凤凰山汉墓出土的漆盾、长沙一些战国墓出土的革胎漆盾形状相似，所以当时实用盾可能也是以革为胎，并通体髹漆彩绘。

秦石铠甲，发现于秦始皇陵墓封土东南约200米处的内外城之间。此处为土木结构的地下建筑，面积达1.3万余平方米。在试掘的153平方米范围内，出土石甲87领，石胄43顶，马甲一副，以及石马缰构件等随葬品，该坑类似于国家的武库。其中，石胄均由圆形顶片和各种类型的侧片组成，其中修复好的一顶胄，通高32厘米，重3168克（不含铜丝的重量），胄片上下作固定编缀、左右作活动连缀，在面部两甲片上有供开合的铜环和铜钩，开合自如。石质甲胄的出土填补了秦代军事装备的空白，改变了学术界有人认为“秦代无胄”的传统认识，具有极高的研究和观赏价值。

此石胄和铠甲质地均为青灰色的石灰岩石片，经过切割、打磨、钻孔，用扁而窄的铜条将它们一片片连缀而成，做工精细，工艺高超，特别是鱼鳞甲无论形制还是制作工艺都堪称铠甲中的精品。

秦石胄

秦石铠甲

西汉彩绘陶武士骑马俑
现藏咸阳博物馆

西汉杨家湾兵马俑
现藏咸阳博物馆

杨家湾汉兵马俑，发现于长陵陪葬区内，可能为汉大将周勃及其子周亚夫的葬地。1965年考古工作者在此发掘出骑兵俑583件，步兵俑约2000件，盾牌1000余件，以及大量箭簇、弩机和车马饰等。这批兵马俑分十三个方队分别埋放在东西两行的十个土坑中，刚出土的兵马俑色彩鲜艳，绝大部分形体完好，它们是我国1949年后首次发现的大批西汉彩绘兵马俑，其发现为世人所瞩目。杨家湾西汉彩绘兵马俑从兵种上，可分步兵俑和骑兵俑两大类。其立俑又可分为大小两种，大的通高48.5厘米，小的通高44.5厘米。兵俑一般是右手握空拳半举，左手握拳下垂，右手中原可能持有器械，个别俑的手中还有残断铁棍。有的俑坑中分布着许多彩绘陶盾，估计原来都在兵俑手中执着。马的姿态生动，除个别昂头嘶鸣外，其余都为严阵以待的静立状态。

铜车马仪仗队，武威市雷台东汉墓出土，主车舆通长36厘米，马高40厘米，奴婢俑高19.5—24厘米。铜车马出行仪仗由38匹铜马、1头铜牛、1辆斧车、4辆轺车、3辆辇车、2辆小车、3辆大车、1辆牛车、17个手持矛戟的武士俑和28个奴婢俑组成。这是迄今发现数量最多的东汉铜车马仪仗俑，气势宏大，铸造工艺精湛，显示出汉代群体铜雕的杰出成就。

铜车马仪仗队

长城

秦始皇统一中国之后，为防备匈奴的袭扰，令蒙恬在原来秦、赵、燕等国旧长城的基础之上，修葺了一条“西起临洮，东至辽东，延袤万余里”的长城。秦长城的许多部分在汉代还较为完整地保存并继续发挥作用，当时人们称它为“长城”或“故塞”，作为汉初抵御匈奴南下的重要边防设施。直至反击匈奴的战争开始之后，汉武帝继续对秦长城加以修缮利用。根据考古调查和文献记载，这次修缮并非都是对秦时长城的简单整治，有一些地段还是新筑的。

随着反击匈奴战争的不断胜利，仅仅依靠维修和利用秦长城已经不能满足汉朝的需要。汉武帝时期，西汉王朝又先后组织了七次大规模修筑边塞的行动，在西北地区兴建起了长达两千公里左右的新的长城，当时人不以“长城”名之，而是统称为“塞”。这些鄣塞亭燧及边墙，大体上可以分为“西塞”“居延塞”和“塞外列城”三部分。

内蒙古固阳秦始皇长城

公元前221年，秦灭六国，建立起中国历史上第一个统一的中央集权的封建专制王朝。秦统一后，对秦统治形成威胁的主要是北方的匈奴。为解除匈奴对王朝的威胁，秦始皇遂发起了北逐匈奴的战争，但并未能完全解除匈奴对秦的威胁。为维护和保障中原地区的安全，防御匈奴南下掠夺和滋扰，公元前214年前后，秦始皇下令修筑万里长城。根据历史记载及近些年来的考古发现，秦始皇所筑长城基本上是在燕北长城、赵武灵王所筑赵北长城及秦昭王所筑长城的基础上进行大规模的修复，并将原来燕、赵、秦长城不相连接的空隙之地补筑上城墙，使西起甘肃岷县、东至辽东的整个长城防线连贯起来。

秦始皇长城西起于甘肃省岷县，循洮河向北至临洮县，由临洮县经定西县南境向东北至宁夏固原县，由固原向东北方向经甘肃省环县，陕西省靖边、横山、榆林、神木，然后折向北至内蒙古自治区境内托克托南，抵黄河南岸。黄河以北的长城则由阴山山脉西段的狼山，向东直插大青山北麓，继续向东经内蒙古集宁、兴和至河北尚义县境，由尚义向东北经河北省张北、围场诸县，再向东经抚顺、本溪向东南，终止于朝鲜平壤西北部清川江入海处。

汉长城

汉长城烽燧

汉代长城较之秦长城更有所发展。汉代新筑了外长城，总长度达到了两万里，是历史上修筑长城最长的一个朝代。汉武帝不仅修缮秦长城，而且新筑了不少长城，长城工程规模的宏大远出秦始皇长城之上。武帝主要是建筑河西走廊地区的长城。《史记·大宛列传》：“汉始筑令居以西，初置酒泉郡以通西北国。”这是指武帝元狩年间开始从甘肃的永登（古令居）筑长城至酒泉。公元前 121 年，武帝令骠骑将军霍去病出陇西，击破匈奴，匈奴的昆邪王杀休屠王，并率四万人来降，武帝以河西地置武威、酒泉、张掖、敦煌四郡，并开始了河西长城的修筑。汉朝花如此大力修筑长城，除了军事上的防御之外，汉长城的西部还起着开发西域屯田、保护通往中亚的交通大道“丝绸之路”的作用。

克孜尔尕哈烽燧

克孜尔尕哈在古突厥语中是“红色哨卡”的意思，克孜尔尕哈烽燧位于新疆库车县依西哈拉乡境内，东南距库车县城 10 公里，坐落于却勒塔格山南麓盐水沟沟口的冲击台地上，建于汉代。烽燧基底平面呈长方形，东西长 6 米，南北宽约 4 米。由基地往上逐渐缩收成梯形，高约 13 米。烽火台为夯土结构，层厚 12—15 米，上部夯层中夹有木骨层，顶部为木坯垒砌，并建有望楼，现仅存木栅残留物，烽体受自然侵蚀、风化作用，南侧中上部已呈凹槽状。烽燧雄伟挺拔，它是目前古丝绸之路北道上时代最早、保存最完好的烽燧遗址，且位居丝绸之路北道的黄金地段，区位条件优越。2014 年被联合国教科文组织评为“世界文化遗产”。

虎符

虎符，亦称兵符，是古代帝王授予武将兵权和调发军队的信物。其外形呈虎的形状，所以称为“虎符”。符身为铜质，有铭文，分左右两半，右半留存朝廷或君王，左半发给统兵的将帅。调发军队时，两半合符才表示有权调动军队，盛行于战国、秦、汉时期。20世纪70年代初期，秦杜虎符在西安市南郊被发现，当地是秦时杜县所在地。通过对虎符上40多个文字的释读，可以看出秦时要调动五十人以上的军队，必须持有虎符。如果军情非常紧急，前方已经发出烽火的警讯，统兵的将领不必等待虎符的两半相符合，可以立即调兵采取军事行动。我们今天讲的“符合”二字就是由此而来的。

秦杜虎符

现藏陕西历史博物馆

宗教篇

秦汉时期是我国宗教的形成与发展时期，我国的本土宗教道教就形成于这一时期，从海外传入的佛教也在两汉之际进入中国并得到发展。

佛教

当今世界三大宗教之一。佛教是在西汉末年由中亚地区传入中原的，所以它属于外来宗教，由西向东不断得到发展。汉哀帝元寿元年（前2），博士弟子景卢受大月氏王使者伊存口授《浮屠经》，“口授浮屠经”是史书上最早记载佛教在中国的传播。佛教认为人死后可以投胎转世，善有善报、恶有恶报，提倡顺从忍耐，这些老百姓和统治者都接受，因而逐渐流行，经过千百年来与中国文化的不断融合，最终形成了独特的中国式的佛教。

白马寺
位于河南洛阳

公元 64 年，汉明帝夜梦金人飞行殿庭，第二天问于群臣，太史傅毅答以“西方有神，其名曰佛”，于是明帝就派遣中郎将蔡愔等十八人去西域，访求佛道，在大月氏国遇沙门摄摩腾、竺法兰两人，他们同二沙门用白马驮了一些经卷一同到洛阳，明帝还为摄、竺二僧修了精舍，就是有名的白马寺，这是中国的第一座佛教寺庙。摄、竺在寺里译出了《四十二章经》，相传这就是中国译的第一部佛经。

道教

中国的本土宗教，东汉时期形成。道教借用了老子的清静无为等思想，再将民间流行的神仙巫术与之结合。东汉末年，道教分为两大流派，一支为太平道；另外一支为天师道，亦称为五斗米道，而五斗米道内部还有一个大支派，以于吉为教主，在长江下游地区传播。道教徒尊称创立者之一的张道陵为天师，因而又叫“天师道”，后又分化为许多派别。道教奉老子为教祖，尊称他为“太上老君”。

太上老君石刻
现藏碑林博物馆

启母阙，位于河南省登封市西北2公里嵩山南麓万岁峰下，为汉代启母庙前的神道阙，与太室阙、少室阙并称中岳“东汉三阙”。阙的北边190米处有一开裂的巨石，即是启母石，据《淮南子》记载，上古时期大禹奉命治理泛滥的河水，三过家门而不入，其妻涂山氏化为巨石，巨石从北面破裂而生启。西汉武帝游览嵩山时，为此石建立了启母庙。东汉延光二年（123），颍川太守朱宠于启母庙前建神道阙，即是启母阙。启母阙结构与太室阙同。西阙现存高3.17米，东阙现存高3.18米，阙门间距6.8米。西阙阙基为两层长方石板，下层石板较大而薄。阙身用长方石块垂直垒砌在阙基上，共七层，总高2.75米，每层用石2—3块。最上层的石块雕作斗形，上承托阙顶，下呈斜角与阙身垄相连。阙顶残毁过甚，残存部分在阙身上部东侧，雕作四阿顶。顶的上部雕瓦垄、垂脊，四周雕柿蒂纹瓦当和板瓦，下部刻仿木椽子。阙顶正脊已毁。

启母阙

现存河南登封

民族外交篇

秦汉时期开展了积极的对外交往，以中国为中心的东亚文化圈日益扩展，影响远及欧洲和非洲。向东与朝鲜半岛南部的三韩（马韩、辰韩、弁韩）及隔海相望的日本有密切交往；向南与越南有经济技术交流；向西通过陆上丝绸之路，与中亚、西亚、南亚诸国进行交流，中国的铁器、丝绸、养蚕缫丝、铸铁术、井渠法先后西传。

朝鲜

汉高祖时，卫满朝鲜灭亡箕子朝鲜后，定都于王险。惠帝吕后时，为汉藩臣，双方平安无事数十年。汉武帝时，卫满的孙子右渠在位，对汉的态度转为强势，武帝派杨仆、荀彘率军讨伐，费时一年才平定，于是汉在其地设置乐浪、玄菟、真番、临屯四郡，其中以乐浪为最重要。东汉时期，高句丽时叛时降，成为汉帝国的东北大患。

日本

汉朝时日本地区的国家共有 100 多个，皆是倭人建立的，汉人统称为倭国。自汉武帝于朝鲜设四郡后，中国文化开始影响诸倭，诸倭通使于汉者达三十余国，倭奴也于此时开始对汉称臣。

汉倭奴国王金印发现于日本，是在天明四年（1784）由名叫秀治和喜平的二位佃农在耕作挖沟时偶然发现的。金印印面正方形，边长 2.3 厘米，印台高约 0.9 厘米，台上附蛇形纽，上面刻有“汉委奴国王”字样。东汉初年，日本国王遣使到东汉都城洛阳纳贡称臣，求汉皇帝赐名，汉以其人矮，遂赐“倭国”。其王又求汉皇赐封，光武帝遂赐其为“倭奴王”。当时，日本想借着臣属于汉王朝树立自己的权位，因此举国大喜，并受赐“汉倭奴国王印”。汉制赐给太子及诸侯王的金印，一般是龟纽，赐给臣服国国王的印纽则

汉倭奴国王金印

现藏日本福冈市博物馆

多用蛇、骆驼等造型，在日本出土的这枚金印符合汉制。“汉委奴国王”这方金印经与史籍的参照印证和对比分析，其可靠性已得到证明，由此也进一步证实了中日两国交往的渊源关系。

秦汉时期还是华夏族的形成时期，除中原地区人口众多的汉族以外，主要有北方的匈奴，东北的乌桓、鲜卑族，西北的西域各族，东南和南方的百越，西南的西南夷等，各族人民创造了各具特点的文化，为多民族国家形成和历史的发展做出了贡献。中原王朝与周边民族既有和平相处、也有战争，但交流是第一位的，从而为华夏族的最终形成打下了良好的基础。

匈奴

秦汉时期最强悍的北方民族。秦始皇派蒙恬率数十万大军出兵匈奴，将匈奴人赶到了阴山之北，并修筑万里长城作为防御。

公元前三世纪，匈奴被冒顿单于统治，国力非常强大，多次侵犯边境。公元前 200 年，刘邦亲率大军北上，匈奴军队佯装后退，汉军则迅速北进到平城白登山，却在白登被冒顿单于的四十万精锐骑兵包围。刘邦与汉军被包围七天七夜，靠贿赂匈奴阏氏才得以逃出重围。此后汉朝采取“和亲”政策，力求与匈奴维持暂时和平。汉武帝时期，国家实力增强，遂派以卫青、霍去病为首的将领对匈奴进行三次大规模战争，占有了河西走廊，为汉朝与西域之间开辟通道，而匈奴则北徙漠北，匈奴帝国从此逐渐走向衰败。后来匈奴发生分裂，呼韩邪单于主动要求称臣于汉，汉元帝以王昭君嫁与呼韩邪单于，是为昭君出塞。

东汉时期，本来已经奄奄一息的匈奴由于天灾和内乱又分为两部，分别为南、北匈奴。其中南匈奴立呼韩邪之孙为单于，与汉朝关系友好。北匈奴单于遁逃。此后一些北匈奴南降汉朝，另外一些则向西迁徙，改变了欧洲的历史格局。

20 世纪，中外学者在我国西北居延等地区发现大量汉代简牍，即“居延汉简”。其对研究汉朝与匈奴之间的关系，以及当时的文书档案制度、政治制度具有极高的史料价值，被誉为 20 世纪中国

居延汉简

现藏甘肃省博物馆

档案界的“四大发现”之一。“居延汉简”因其在我国内蒙古自治区额济纳旗的居延地区和甘肃省嘉峪关以东的金塔县破城子被发现而得名，其内容涉及面很广，包括当时的政治、经济、军事和科学文化等。

汉代的居延地区为了军事防御设有两都尉，即居延都尉和肩水都尉。居延汉简多是西北边塞烽燧亭鄣的文书档案，所以与军事有关的简牍可以说比比皆是。关于农垦屯田的记载在居延汉简中也占有较大比例，其内容涉及屯田、田卒生活以及农具、籽种、水利、耕耘、管理、收藏、内销、外运、粮价、定量等。其学术史料价值是不言而喻的。

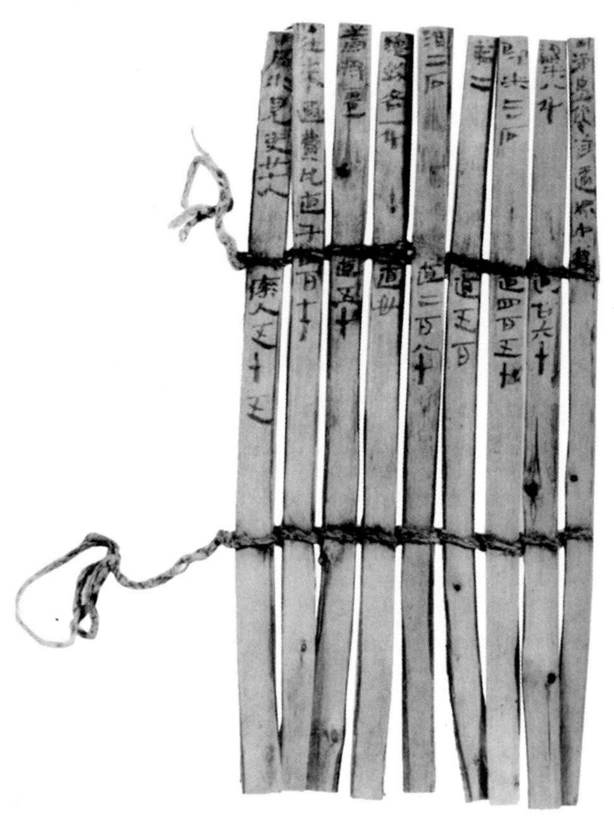

居延汉简

现藏甘肃省博物馆

《塞上烽火品约》，1974年在汉代边塞的烽燧中发掘出土。上面写有600个隶书汉字，内容有关塞上烽火品约，即长城烽火使用手册。它好像一个放大了的汉字“册”，但并非两枚木简用一根线绳连接，而是把17枚木简在上、中、下三处相连。这个册子是居延都尉辖下的甲渠、卅井、殄北三塞临敌报警、燔举烽火、进守呼应、请求驰援的联防条例。条例规定，在匈奴人入侵的不同部位、人数、时间、意图、动向以及天气变化异常等各种情况下，各塞燧燔举烽火的类别、数量、方式，如何传递应和，发生失误又如何纠正等。《塞上烽火品约》简册中规定，发现匈奴人入侵，白天举二烽，坞上表一，燔一积薪；晚上则燔一积薪，举堠离合苣火，并要求毋绝至明。还规定当“匈奴人入塞，天大风，风及降雨不具烽火

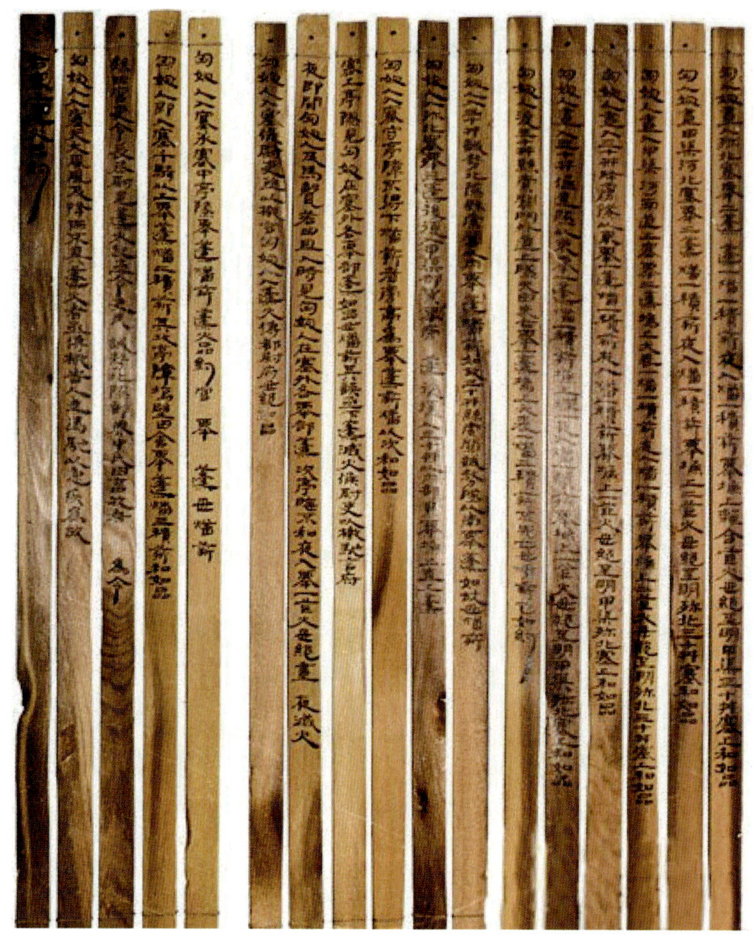

《塞上烽火品约》

现藏甘肃省博物馆

者，丞传檄告，人走马驰”。如果遇敌人来犯，长城沿线的防守人员就要报警。按照要求夜里点的火叫烽，白天烧的烟叫燧。当时在长城沿线驻防的部队将敌情根据不同的目的和数量划分为五个级别：敌人在 10 人以下者称为一品，情况不十分紧急；敌人 10 人以上 500 人以下者称为二品，情况稍急；敌人有千人以上且入塞者称为三品，情况更为紧急；敌人千人以上而且攻打亭鄣者分称为四品、五品，情况最为紧急。该简册对研究汉代的烽燧制度以及边塞防御系统是十分重要的资料。

汉匈奴归义亲汉长
现藏中国国家博物馆

"汉匈奴归义亲汉长"铜印，青海省大通县后子河乡上孙家寨村汉墓出土。方座，驼纽印，通高2.9厘米，边宽2.3厘米，驼纽高2.1厘米，厚0.8厘米。阴刻篆文"汉匈奴归义亲汉长"八字，是东汉中央政府赐给匈奴族首领的官印，其中"归义"是汉政府给予其统辖的周边民族首领的一种封号。印文形式承自西汉宣帝以来传统，在赠给少数民族首领的官印之首署"汉"字，下为民族名，并在民族名的前后加上"归义"等封号，又常以驼纽作为这种印的基本纽式。

金怪兽，是匈奴族首领帽上的冠饰。黄金制成，之所以被称为怪兽，是因为它是多种动物的集合体。身体似羊，嘴似鹰，角似鹿，蝎形尾，四蹄立于花瓣形托座上。怪兽的两只抵角是由两两身相连、背相对的十六只小鸟组成的，而且蝎形的尾巴也是一只小鸟的样子，怪兽身上共隐藏了十七只小鸟，体现出工匠们的睿智巧思和精湛做工。

金怪兽
现藏陕西历史博物馆

匈奴贵族鹰形金冠

现藏内蒙古自治区博物馆

匈奴贵族鹰形金冠，内蒙古自治区鄂尔多斯市杭锦旗阿鲁柴登出土。冠高 7.1 厘米，额径 16.5 厘米，冠带周长 60 厘米。一套四件，由黄金鹰形冠顶饰和冠带饰两部分组成。冠顶上刻有四幅对称的半浮雕狼羊咬斗图案，其上傲立展翅雄鹰，整个冠顶构成一幅雄鹰俯视狼羊咬斗的生动画面。冠带由 3 条半圆形金条组合而成，金条两端分别浮雕着虎、羊和马的造型，反映出北方民族精湛的手工工艺。

“单于天降”瓦当，1954 年内蒙古包头墓葬出土，径 17.1 厘米。泥质灰色，圆形，边轮宽，筒部残留一部分，是古代民族和解之义。《前汉书·元帝纪》：“呼韩耶单于，不忘恩德，向慕礼仪，复修朝贺之礼，愿保塞传之无穷边陲，长无兵革之事。”“天降”中“天”指对方，即双方称谓；“降”按古音注，和同也。“单于天降”即双方和好之义，并非现在瓦当书籍所释单于降服之义，反映出西汉时期与匈奴之间的关系密切。

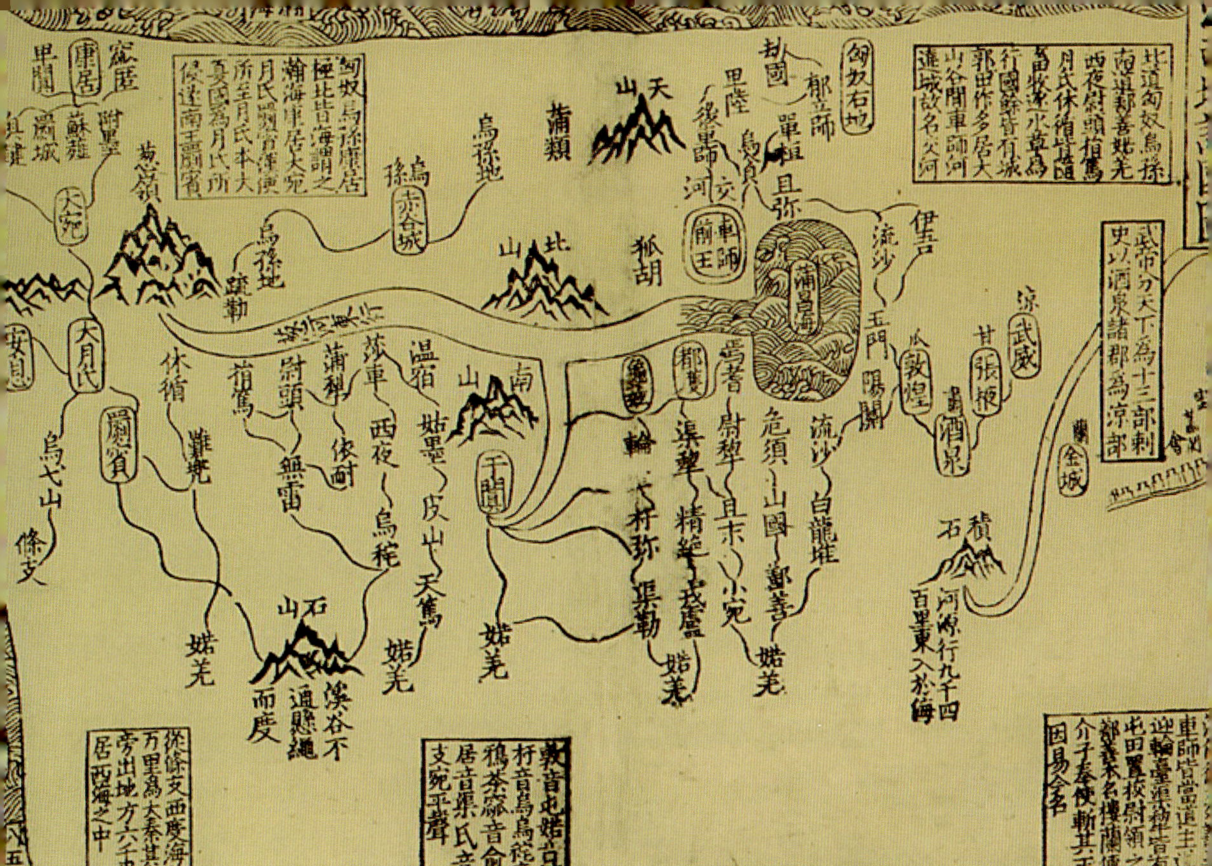

汉西域诸国图

西域

汉代的西域，是指玉门关、阳关以西包括今新疆、中亚在内的广大地区。西汉初年，西域一带有乌孙、楼兰、若羌、精绝、于阗、车师、龟兹、疏勒等 36 个小国，有的从事农业，有的以游牧为主。西汉早期的西域地区为匈奴所控制。汉武帝时期，随着国力的强大和对匈奴用兵的胜利，两次派张骞出使西域，加强了与西域各族的联系。汉宣帝时设立西域都护府总管西域事务，对西域广大地区施行管辖。元帝时，又增设戊己校尉。西汉末年，西域分为 55 国。王莽时期，贬去其王号，降为侯，西域与汉关系趋紧，匈奴势力再入。东汉明帝又恢复与西域的关系，并派班超负责西域事务。公元 97 年，班超派甘英出使罗马帝国。甘英经条支、安息等国，到大秦西界望海而还。

“五星出东方利中国”锦质护膊

现藏新疆文物考古研究所

“五星出东方利中国”锦质护膊，新疆民丰县尼雅遗址一号墓地出土，长 18.5 厘米，宽 12.5 厘米。护膊用彩锦和白绢制成，呈长方形，两长边各缝缀三条长系带。织锦为五组经线和一组纬线构成的五重平纹经锦，经密 220 根 / 厘米、纬密 48 根 / 厘米。其色泽艳丽，织工精细，图案题材新颖，有孔雀、仙鹤、辟邪、虎、龙等形象，并织出“五星出东方利中国”文字。此类题材风格的织锦尚属首次发现，对汉代我国的丝绸工艺及相关科技领域的研究有很高的学术价值。

“望四海贵福寿为国庆”锦

现藏新疆文物考古研究所

“望四海贵福寿为国庆”锦，出土于楼兰古城东北郊东汉墓地，长34.3厘米，宽22.8厘米。经锦，每平方厘米经线43根、纬线24根，其地以黄褐本绢色显花，在云气纹中显龙、虎等瑞兽，间织“望四海贵福寿为国庆”吉祥文字。

张骞出使西域，公元前140年，汉武帝欲联合大月氏共击匈奴，张骞应募任使者，从长安出发，出陇西，经匈奴，被俘。后逃脱，西行至大宛，经康居，抵达大月氏，再至大夏，停留了一年多才返回。在归途中，张骞改从南道回到长安，向汉武帝详细报告了西域情况，武帝授以太中大夫。这次出使虽然没有达到原来的政治目的，但对于西域的地理、物产、风俗习惯有了比较详细的了解，为汉朝开辟通往中亚的交通要道提供了宝贵的资料。公元前119年，张骞第二次奉派出使西域，分遣副使持节到了大宛、康居、月氏、大夏等国。因张骞在西域有威信，后来汉所遣使者多称博望侯以取信于诸国。张骞对开辟从中国通往西域的丝绸之路有卓越贡献，并因开拓了“丝绸之路”被誉为“中国走向世界第一人”，至今举世称道。

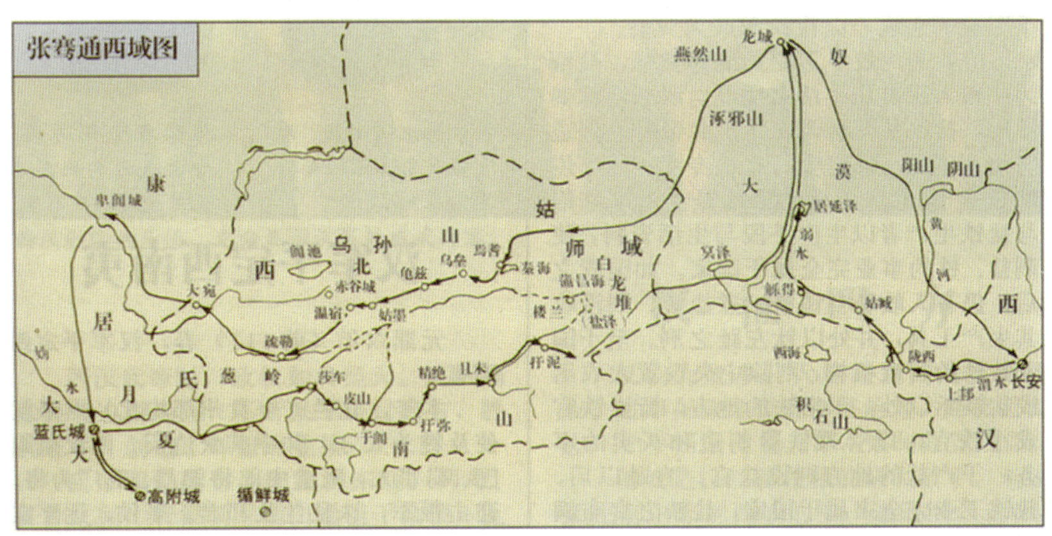

张骞通西域图

张骞出使西域壁画
现藏敦煌博物院

羌

秦汉时期，河湟地区是羌族的聚居区，汉武帝时汉与匈奴展开激烈角逐，公元前 120 年，汉迁徙关东 70 余万人于陇西、北地、上郡等地，以充实边塞。当时属于陇西郡的州境地区已成为羌、汉杂居地区。汉武帝为开拓边疆，设置护羌校尉，北击匈奴，西逐诸羌，隔绝羌胡联系，把羌人赶出故地，广置鄣、塞、亭、燧等设施，以加强对羌地的统治。东汉时期对羌族采取了两种措施：一是施行肆无忌惮的屠杀政策；二是强迫迁徙，企图削弱羌族。结果引起羌族的激烈反抗。

东北各族

秦汉时期，东北地区分布着乌桓、鲜卑、夫余、沃沮、挹娄、高句丽、濊貊等族。在这些地区出土的遗物有些与匈奴同类文物相似，又往往与汉式文物共存，表明各族的密切关系。

三越

由百越族人所建立的国家，即东瓯、闽越、南越，统称“三越”。东瓯据今浙江省南部，闽越据今福建，南越据今两广（即岭南地区的广东、广西、海南和今天的越南）。这三国虽受汉高祖册封，实际上仍为独立，这种情况一直持续到汉景帝为止。到了汉武帝时，汉朝国力已经大为增强，三个国家的国力却因为互相争战而相对衰弱，最后先后被灭。为了防止东瓯、闽越再发生叛乱，于是将二国的人民迁徙至长江与淮水地区，另外将南越国之地分为南海、苍梧、郁林、合浦、珠崖、儋耳、交趾、九真、日南九郡。自此之后，这个地区未发生大乱。东汉光武帝建武十六年（40），南越国地区发生叛乱，汉派马援平乱，大破叛军于浪泊，此后直到东汉灭亡，汉朝南疆未再发生动乱。

南越王墓银盒，1983 年发现于广州南越王墓，呈扁球形，通高 12 厘米，腹径 14.9 厘米，重 572.6 克。出土时在主棺室，盒内有十盒药丸。从造型、纹饰和口沿的鎏金圈套等工艺特点看，与中国传统的器具风格迥异，但与古波斯帝国时期（前 550—330）的遗物相似。有学者认为这是波斯产品，银盒里的药丸很可能是阿拉伯药，是岭南发现的最早的“舶来品”。这件银盒的蒜瓣形花纹是用锤揲法压制而成，一般认为锤揲压制金银器起源于波斯文化。与此银盒同作花瓣形花纹的金银器皿，在西方多有发现。但耐人寻味的是，山东临淄汉初齐王墓器物坑中出土的一件银盒、云南晋宁石寨山 11 号和 12 号墓中出土的两件铜盒，其造型与纹饰和南越王墓中的银盒几乎完全相同，因此也有学者认为并不是舶来品。

汉南越王墓银盒

现藏广州南越王博物馆

文帝行玺金印

现藏广州南越王博物馆

“文帝行玺”金印，出土于广州南越王墓，是南越国第二代王赵眜玺印。印面边长3.1厘米，宽3厘米，通高1.8厘米，重1485克，含金量是98%。印面阴刻“文帝行玺”四个字，“行玺”即发布诏命所用的印信。金印的印纽是一条游龙，盘曲成“S”形，龙头伸向一角，龙身上的鳞片和爪是铸成后凿刻的，龙腰隆起可以用来穿印绶。出土时，金印印面沟槽及印台四壁都有使用和碰撞的痕迹，显然是墓主生前的实用物。“文帝行玺”金印主要特点以龙为纽，黄金铸成，僭称帝玺，打破了秦汉时期天子用玺以白玉为材料、以螭虎为印纽的规制。“文帝行玺”金印是我国目前考古发现的最大的一枚西汉金印，也是唯一的汉代龙纽帝玺。

西南夷

指两汉时期的今云南、贵州两省，加上四川省的西部和南部以及甘肃省的南隅。在汉朝初期被许多异族所盘踞，他们有的进入农业社会，有的则维持游牧生活，并且建立许多国家。汉武帝时期，令唐蒙由筰关入夜郎，给予丰厚的赏赐，并告知其汉朝的声威，说服其臣属于汉朝，夜郎愿意臣属于汉朝。前130年汉在夜郎及其附近之地置犍为郡。同年，邛、筰、冉、駹等族也希望得到汉朝的赏赐，请求成为汉朝的臣属，于是汉在其地置10余县，由都尉统之，隶属蜀郡。

滇王金印，发现于云南石寨山六号墓中，是汉武帝赐予滇国国王的一枚金印，也是古滇王国存在的证据。印作蟠蛇纽，蛇背有鳞纹，蛇昂首向右上方。印面每边长 2.4 厘米，印身厚 0.7 厘米，通纽高 2 厘米，重 90 克。纽和印身是分别铸成后焊接起来的。文乃凿成，笔画两边的凿痕犹可辨识，篆书白文四字，曰“滇王之印”。据司马迁在《史记·西南夷列传》记载：汉武帝元封二年，“赐滇王王印，复长其民”。这一文献记载同出土的奢华随葬品一起印证了石寨山就是一代滇王及其家族的陵寝地。滇王金印的出土有极高价值，西汉时期，中央王朝为了统治边疆地区，往往采用“以夷制夷”的策略，只要称臣纳贡，不对抗中央王朝，一般都通过赐印、委任官爵等统治方式，来行使汉王朝对边疆地区的统治和管理。

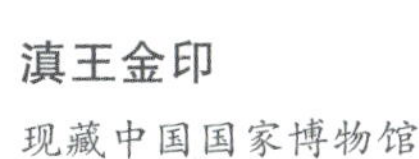

滇王金印
现藏中国国家博物馆

铜贮贝器是滇人特有的用以存放货贝，并具有一定政治和宗教意义的青铜器皿，其盖面上多铸有表现集体场面的群像。在云南晋宁石寨山出土了大量别具一格的铜贮贝器。这件鼓形贮贝器的盖上铸造了一组纳贡人物像，塑造了 17 个异族人物，他们头顶箩筐、牵着牛马、携着货物来进贡，构成了一幅滇王室统治和支配其他弱小民族的图景，其优点在于多角度地表现了纳贡人物之多的场面，给人以络绎不绝的印象。每个人物着以不同的民族服饰，穿插以牛、马等动物，使得这组雕塑群起伏跌宕、丰富多彩。

东汉纳贡铜贮贝器

现藏中国国家博物馆

建筑篇

我国古代建筑技术最突出的特点是土木结构的广泛应用，其主要成就是框架式结构和“斗拱”结构的使用。从具体结构来说，它们都用立柱、横梁组成骨架，全部重量由柱子承接传到地面，墙体不承重而只起隔断的作用。这种建筑结构体系到汉代已趋于成熟并已用拱作为柱、梁之间的过渡设施，同时起装饰作用。自两汉到清代的两千多年，我国建筑技术基本是朝着这个方向发展的。所谓“墙倒屋不塌”就说明梁柱系统木结构的优点，并且在室内空间的分隔、开辟门窗、墙的用料和施工等方面都具有灵活性。

秦汉时期的大型建筑多为高台建筑，留下了众多的大型夯土台遗址，反映了当时人在建筑上的创新意识：一是便于防潮，二是光线好，三是有利于统治者的俯视。

汉代是中国古代建筑发展的第一个高峰，将北方的高台建筑与南方的杆栏式建筑结合起来，多层楼阁式建筑大量增加，庭院式的布局已基本定型，并和当时的政治、经济、宗法、礼制等制度密切结合，足以满足社会多方面的需要。

汉代建筑已具有庑殿、歇山、悬山和攒尖四种屋顶形式。其中庑殿正脊短，屋面、屋脊和檐口平直，屋顶正脊中央常饰有凤凰，集中体现了汉代建筑古朴简洁、却又不乏朝气的景象。汉代歇山顶不多见。

通过大量东汉壁画、画像石、陶屋、石祠等可知，当时北方及四川等地建筑多用台梁式构架，间或用承重的土墙；南方则用穿斗架，斗拱已成为大型建筑挑檐常用的构件。中国古代木构架建筑中常用的抬梁、穿斗、井干三种基本构架形式此时已经成型。斗拱在汉代得到了发展，种类非常多，达到了千奇百怪的程度。在各种阙、墓葬及画像砖中，我们都可以看到，此时的斗拱虽已比较复杂，但没有往前出跳的，且各地做法很不统一，有的结构也不尽合理，在相当的程度上是工匠们个人的摸索。后世成熟的斗拱均是经过了实践的检验，从这些斗拱中脱颖而出的。

秦五角形下水道

秦砖汉瓦

砖的发明是建筑史上的重要成就之一。至迟在秦代已有承重用砖，秦始皇陵东侧的一号兵马俑坑中有砖墙，砖质坚硬。汉代建筑已广泛使用砖，西汉中后期至东汉砖石拱券结构日益发达，用于墓室、下水道，除并列纵联的砖砌筒壳外还有穹窿顶和双曲扁壳。秦咸阳宫殿和秦始皇陵遗址发现有大量瓦当、铺地花砖。晚到西汉前中期，砖石拱壳才出现，初步具备造砖石房屋的技术条件，但这时木结构建筑技术已发展到了很高的水平。

瓦当又称“瓦头”，指的是陶制筒瓦端下垂的特定部分，其样式主要有圆形和半圆形两种。瓦当是古代建筑用瓦的重要构件，具有保护木制屋檐和美化屋面轮廓的作用。中国的瓦当最早起源于西周时期，到春秋战国时期得到了比较大的发展，秦汉时期达到高峰，并成为一些大型建筑的重要构件。早期的瓦当为半圆形，主要纹饰为兽面纹，后来逐渐向卷云纹等其他纹饰发展。战国时期各诸侯国烧造和使用的瓦当图案种类繁多，各不相同。秦统一六国后，瓦当在图案形态和题材内容等方面都发生了很大变化，更加丰富多彩。秦代主要盛行云纹和动植物图案的瓦当。

秦葵纹瓦当

汉代瓦当是在秦代瓦当基础上发展起来的，与秦瓦当相比，汉代瓦当不仅数量多，而且种类更加丰富，制作也日趋规整，纹饰图案井然有序。尤其值得注意的是文字瓦当的大量出现，不仅完善了瓦当艺术，同时也开辟了一个全新的艺术领域和研究范围，更加鲜明地反映出当时社会经济、意识形态。西汉瓦当以“延年益寿”“长生无极”“长乐未央”等吉祥语作为装饰内容，动物纹样多采用青龙、白虎、朱雀、玄武等“四神”。与秦图像瓦当取材于现实生活不同，汉代瓦当图像多是取材于现实而又经过了高度艺术夸张的、超脱于现实生活的珍禽异兽，通过丰富的想象、巧妙的构思、细腻而不烦琐的线条勾勒，将汉代质朴浑厚、走势奔放、气势磅礴的艺术风格表现得淋漓尽致，极富浪漫主义色彩。汉瓦当以其数量之多、质量之精、时代特征之鲜明、文化内涵之丰富，把中国古代瓦当艺术推向了最高峰。

上林半瓦当

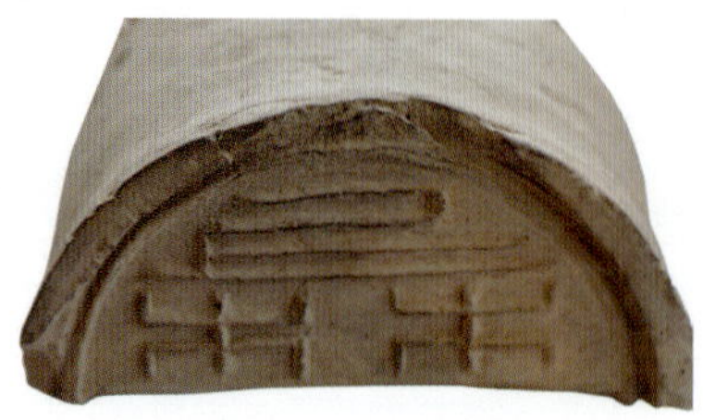

十二字瓦当

秦夔纹大瓦当

现藏西安市临潼区博物馆

秦夔纹大瓦当，出土于秦始皇帝陵园内城北部西区建筑遗址，直径 61 厘米，高 48 厘米，筒瓦残长 32 厘米。瓦当呈大半圆形，瓦当正面以夔纹为饰，线条方折刚劲，充分传达出秦帝国雄强宏大的审美观。瓦当又名“遮朽”，是屋檐最前端的一片瓦，背后有半圆形筒瓦覆扣于屋脊的一端遮住檩头，起到很好的防朽保护作用。这件夔纹瓦当向人们传达了重要的信息，对认识整个陵园的规模有了更直观的物证。

秦双龙空心砖，出土于秦都咸阳一号宫殿遗址，长 100 厘米，宽 38 厘米，厚 16.5 厘米。呈长方形，一面模印首尾相衔、相互交织的两条巨龙，一龙身饰鳞纹，另一龙身饰三角纹，双龙环抱三个璧形图案，图案内饰圆圈纹，龙身上下对称装饰着卷云纹和圆圈纹。该砖用来铺设踏步。空心砖始见于战国时期，主要用来建筑宫殿、官署和墓葬，西汉是空心砖使用的极盛时期。

秦双龙空心砖

现藏秦都咸阳遗址博物馆

汉四神瓦当，直径 16—19 厘米。中国古代有代表方位的四神，它们分别是青龙、白虎、朱雀、玄武。龙作为神话中的动物，具有超常的神通；白虎是驱邪食鬼的猛神，被汉代列为十二主神之一；朱雀又称“朱鸟”，也就是“鸾鸟”“凤”，是吉祥太平的象征；玄武的形状多为蛇缠绕在龟身上，由于其位置在北而称“玄”，身上有鳞甲而称 “武”，龟蛇均为长寿的灵物，因此玄武寓有祈寿求福的吉祥意义。四神纹在汉代应用极为广泛，铜镜、漆器、石刻、砖瓦等各种工艺品的装饰上都时有出现。此瓦当形神兼备、力度超凡，是这一时期的代表作。汉代将四神视作与避邪求福有关，它们又表示季节和方位：青龙的方位是东，代表春季；白虎的方位是西，代表秋季；朱雀的方位是南，代表夏季；玄武的方位是北，代表冬季。汉代人深信四神与天地万物、阴阳五德关系密切，有护佑四方的神力，因此颇为好古的王莽特以“四神”瓦当装饰其宗庙，祈望以此驱邪镇宅、保佑宗庙乃至社稷江山永固。

汉四神瓦当

现藏西北大学博物馆

东汉陶建筑模型

七层连阁彩绘陶仓楼
现藏河南博物院

多层楼阁

汉代的建筑艺术得到了长足的发展。东汉中后期的墓中，炫耀地主庄园经济以及依附农民、奴婢的成套建筑模型和画像砖，陶制楼阁、城堡、车、船模型大量出土，具有明显的时代特征。明器中常有高达三四层、甚至七层的方形阁楼，每层用斗拱承托腰檐，其上置平坐，将楼划分为数层，此种在屋檐上加栏杆的方法，战国铜器中已见，汉代运用在木结构上，满足遮阳、避雨和凭栏眺望的要求。各层栏檐和平坐有节奏地挑出和收进，使外观稳定又有变化，并产生虚实明暗的对比，创造了中国阁楼的特殊风格，南北朝盛极一时的木塔就是以此为基础。

七层连阁彩绘陶仓楼，出土于河南焦作白庄六号墓，通高 192 厘米，连附楼面阔 168 厘米。仓楼在汉代是财富的象征，更是汉代富庶和国泰民安的缩影。此仓楼组合复杂，形体高大，造型优美。楼由院落，主楼，配楼和阁道四大部分共 31 件单体组合而成。院落三面围墙位于主楼之前，中间是可开启的长方形大门，内卧一陶狗。大门上方两端有对称的双阙和罘思。主楼整体造型为下大上小的七层，配楼为一高台式单檐四层建筑。阁道有两面坡式脊顶，悬空横架在主楼与配楼第三层之间。这一件连阁式陶仓楼规模宏大，设计精巧，结构复杂；主楼与配楼挺拔秀丽，又有阁道横架，巧妙地连为一体，正是汉代“复道行空”高超建筑技术的真实写照，为中国建筑艺术史的研究提供了极其珍贵的实物资料。

汉阙

阙在中国出现甚早，其形从门，中间为通道，其上建楼观，经过先秦时期的发展演变，秦汉之际已成为一种重要的建筑形式。阙不仅具有实用功能，而且也发挥着独特的象征与装饰作用。从有关的文献记载和考古资料来看，阙的类型主要有城阙、宫阙、宅第阙、祠庙阙、墓阙以及采用绘画雕刻形式表现的画像阙等。城阙、宫阙、宅第阙、祠庙阙、墓阙都是采用土木结构或全部石结构建筑于地面之上的阙，画像阙则是随葬的表达丰富寓意的阙。前者是纯

凤阙画像砖

茂陵出土的陶阙

粹的实物阙，后者是艺术摹写色彩较浓或具有较多想象成分的象征性的阙。城阙、宫阙都是规模宏大壮观之阙，可供登临。宅第阙也与王公贵族炫耀身份有关，有很强的实用性，大都为土木砖石结构，在漫长的历史岁月中大都湮没无存。

遗留至今的实物阙主要是祠庙阙与墓阙，是供祭祀神灵与悼念亡魂使用之阙，与当时使用的宫阙、城阙、宅第阙等迥然有别，可以观赏而不可登临。据统计，我国现存汉阙 30 余处，主要在四川、重庆、河南、山东、陕西等地。

沈府君阙是墓阙，左、右阙皆高 4.84 米，东西相距 21.62 米，为东汉安帝延光年间（122—125）建造。阙身为巨型砂石，正面刻有铭文，东阙刻“汉谒者北屯司马左都侯沈府君神道”，西阙刻“汉新丰令交趾都尉沈府君神道”。两阙正面还刻有朱雀、饕餮图案，阙身内侧分别刻有口衔玉环绶带的青龙（东阙）、白虎（西阙），阙楼部分的枋子层雕刻有铺首，四侧雕刻力士肩扛上面的斗拱层。阙顶为庑殿式，雕刻成双层檐、筒瓦与瓦当，阙周采用深浮雕手法雕刻有许多生动精美的图像，内容有骑鹿、狩猎、神灵异兽面等，其中“董永侍父”图以及裸体猎射等有着很高的鉴赏研究价值。

沈府君阙（局部）

位于四川渠县

姜女石秦宫殿遗址

位于辽宁绥中

姜女石秦宫殿遗址

位于辽宁省绥中县，濒临渤海湾。姜女石即姜女坟，传说中孟姜女投海自尽之地，其实是一种天然的海蚀柱。姜女坟在山海关城东南二十华里的海域内，好似一个特立的海上标志，十分引人注目，它的地理环境、外观形状等都与史籍所记碣石十分近似。姜女石秦宫殿遗址以“石碑地”台址为中心，以“黑山头”“止锚湾”建筑址为两翼，恰如“一宫两阙”，面向海中的“碣石”（姜女坟），高台临海，雄伟壮观。“石碑地”中心的夯土台是遗址的主体建筑，夯土台高达 8 米，宫城墙体基础宽 2.8 米，基础上一般有宽 1 米左右的窄墙。房屋一般建在夯土台基上，两侧是成组的宫殿式布局的房址，现保留成排柱础、塌落的屋顶瓦面、花面空心踏步砖（台阶）、完整的排水道系统，尤其是出土的夔纹大瓦当直径 54 厘米、瓦高 37 厘米、通长 68 厘米，大半圆形，充分显示出该建筑的雄伟气势。

都城篇

都城是一个国家或者政权的政治、经济、军事和文化中心，是统治者发号施令、实施有效统治的中枢。因此都城的选址和建设关系到一个王朝的对内对外政策，直接影响国运的兴衰。秦汉时期的都城在中国古代都城发展史上具有非常重要的地位。

秦始皇完成统一大业后，继续沿用战国时期的秦都咸阳，并不断加以扩大，形成横跨渭河两岸的大都城，特别是不惜人力、物力、财力修建的阿房宫，尽管未能建成，但仍然对后世产生了重大的影响。秦皇宫中设备完善，应有尽有，既有供帝王办公的朝宫及休息的寝宫、后妃居住的宫室等，又有供沐浴的澡堂及取暖用的壁炉，建造极为精良。建筑内外施用的建筑材料都十分考究，地面处理得光滑平整，并涂以丹垩，大型花纹空心砖及花纹图案瓦当把宫殿建筑装饰得格外漂亮、富丽堂皇。

西汉长安城是在秦都咸阳渭河以南若干宫殿的基础上建成的，面积达到 36 平方公里，城内建有长乐宫、未央宫、桂宫、北宫、明光宫等宫殿，以及东西两个大型市场。汉武帝时期又在城西建成了可与未央宫相媲美的建章宫。汉长安城既有宫城，又有外郭城，完全按照《周礼·考工记》的要求建城，“前朝后市，左祖右社”。城中宫殿占了很大部分，每边三个城门，每门有三个门洞，街道笔直，这种筑城方式也成为后代效仿的模式。长安城比罗马古城的面积要大四倍，真可谓“西有罗马，东有长安”。

东汉时期把都城定在了洛阳，这是由西汉末年的战乱造成汉长安城的大破坏以及洛阳优越的自然环境决定的。洛阳实行两宫制，对后代都城形制产生了重要影响。

秦都咸阳宫一号建筑遗址
位于西咸新区秦汉新城

秦都咸阳宫一号建筑遗址

一号宫殿遗址为一处高台建筑，现存东西长 60 米、南北宽 45 米。台基夯筑，台下南、西、北三面建有回廊，其中部有六步五级踏步两处，用长方空心砖铺成。廊的外沿用方砖镶边的卵石散水铺砌，内有宫殿、取暖用的炭炉、浴室等。这是一座以多层夯土高台为基础、凭台重叠高起的楼阁建筑。其台顶中部是两层楼堂构成的主体宫室，四周有上下不同层次的较小宫室，底层建筑周围有回廊环绕。整座建筑结构紧凑，布局高下错落，主次分明，在使用和外观上均有较好效果。

秦阿房宫前殿遗址

位于西咸新区沣东新城

秦阿房宫

历史上著名的大型宫殿。位于今西安市西郊 15 公里的阿房村一带。从秦始皇三十五年（前 212）开始扩建，参与这项工程的劳工达 30 余万人。尽管如此，到秦始皇死时，营建的前殿工程还未竣工，由秦二世胡亥继续营建，但仍未完工。

前殿遗址的巨大夯土台仍在，东起聚驾庄、赵家堡，西至大小古城村，东西 1270 米，南北 426 米，现存最大高度 12 米，夯土层的厚度一般为 5 至 15 厘米，夯窝的直径约 5 至 8 厘米。这是迄今所知中国乃至世界古代史上规模最宏大的夯土基址。经过钻探，在遗址北边有东西走向、宽约 15 米的凸起土梁，略似城墙残垣。

西汉长安城

位于西安龙首塬北坡的渭河南岸汉城乡一带，距今西安城西北约5公里。其作为都城的历史近350年，实际使用年代近800年，是我国古代最负盛名的都城之一，也是当时世界上最宏大、繁华的国际性大都市。公元前202年，汉在秦兴乐宫的基础上营建长乐宫，揭开了长安城建设的序幕。公元前199年，丞相萧何提出“非壮丽无以重威”的营造思想，营建未央宫，立东阙、北阙、前殿、武库、太仓。惠帝三年、五年筑长安城墙，六年建西市。武帝元朔五年，在城南安门外建太学。元鼎二年修柏梁台。太初元年，在城西上林苑修造建章宫，其东修凤阙高20余丈，其北开凿太液池，中有蓬莱、方丈、瀛洲、壶梁台地，并建神明台、井干楼，高50余丈。太初四年又在长乐宫北建明光宫。至此，西汉长安城规模初定。平帝元始四年，在长安城南修建明堂、辟雍，从而结束了西汉王朝对其都城的营建。王莽篡位后下令拆除汉上林苑中建章、承光、包阳、犬台、储元宫等10余处建筑，将所得材料在城南营建新朝九庙，耗资数百万，卒徒死亡近万人。

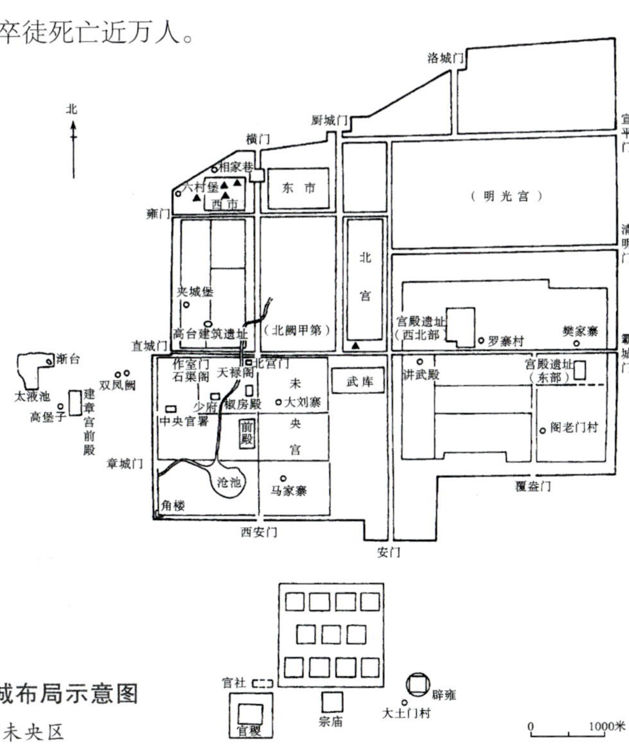

西汉长安城布局示意图

位于西安市未央区

西汉未央宫前殿遗址

位于汉长安城遗址内

西汉未央宫前殿遗址

未央宫是中国历史上规模最大的皇宫建筑群，有明清紫禁城的六倍之大。其周长8560米，占地约4.6平方公里。未央宫围以两重高大的宫墙，内墙四面设司马门，外墙只立有东阙和北阙作为大门。前殿遗址尚存，东西长约200米，南北宽约350米，北部最高处残高20米，可依稀辨识出三级阶台，雄伟壮观。未央宫前殿反映了当时“高台榭”的建筑传统。宣室殿是前殿的正室，是皇帝办公之所和寝宫，位于前殿正中。宣室殿之前为上朝大殿，其后为后阁，主要是皇帝下朝后更衣解带的地方。这一格局集中体现了“前朝后寝”的制度。未央宫前殿东有宣明、广明二殿，西有昆德、玉堂二殿，均是政府机关衙署。未央宫的装饰美妙绝伦，极为奢华。2014年被联合国教科文组织评为“世界文化遗产”。

东汉洛阳城

东汉洛阳城的遗址在今洛阳市区以东约 15 公里处。位于邙山与洛水之间，山川形势优越，南对伊水、洛水平川，背山面水。平面略呈矩形但不甚规整，经实测其周长约 14 公里。东汉洛阳城中轴线上，依西汉旧宫经营南北二宫，并以复道三条联系这两部分。南宫南北长约 1300 米，东西宽约 1000 米；北宫南北长约 1500 米，东西宽约 1200 米。以后又陆续添建东西二宫。主要宫殿在南宫，规模较西汉长安的宫殿略小。主要官署设在南宫附近，太庙等祭祀建筑在城南。全城有街道 24 条，大致为方格网形，分划出 100 多个闾里。东汉中叶以后又在北宫以北陆续建设苑囿，直抵城的北垣，故其规模比南宫略大。

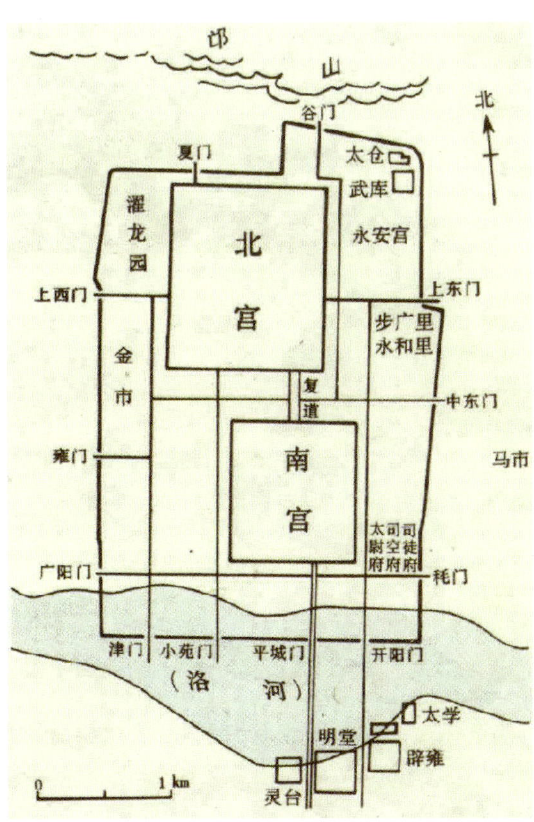

东汉洛阳城布局示意图

位于河南洛阳

陵墓篇

陵墓制度是当时社会政治、经济、文化、科技等方面的真实反映，因为古人是按照“事死如事生”的礼制实行丧葬的，生前所有和希望得到的都会在陵墓中体现。秦汉时期是一个厚葬的社会，据记载汉代帝陵的修建从即位的第二年开始，直到驾崩。每年所需花费是当时国家财政收入的三分之一，其重要性、奢侈性可想而知。因此通过墓葬去了解秦汉社会十分必要。

秦始皇陵是中国古代第一个皇陵，其陵园规模庞大，有内城和外城。其陪葬坑与陪葬墓星罗棋布，目前已发现 600 多处。特别是寝殿、便殿、兵马俑坑、铜车马坑、石铠甲坑、百戏俑坑、珍禽异兽坑的发现，为了解当时的墓葬制度提供了第一手的资料。

西汉的十一个帝陵分布在汉长安城的周围，除了文帝霸陵是以山为陵外，其他均有高大的封土堆，规模恢宏壮观，特别著名的就是汉武帝茂陵、汉景帝阳陵、汉宣帝杜陵。考古工作者已经对汉代的帝陵进行了深入的勘探、考察和发掘，出土了大量的珍贵文物，对于了解汉代社会有重要参考价值。汉帝陵也被称为“中国的金字塔群”。

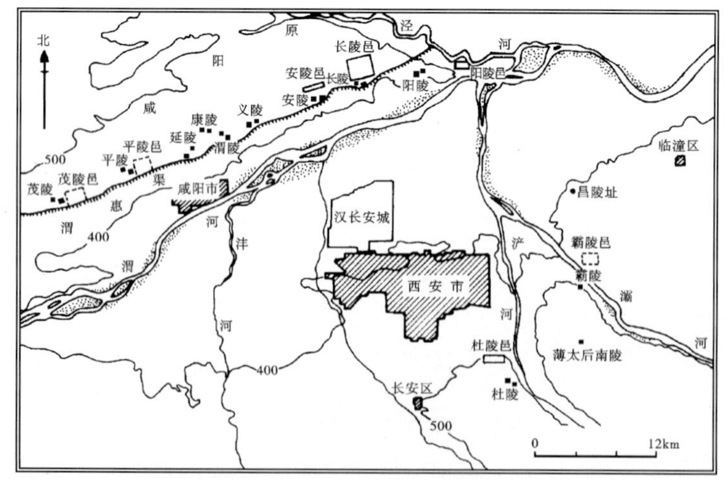

西汉十一帝陵分布示意图

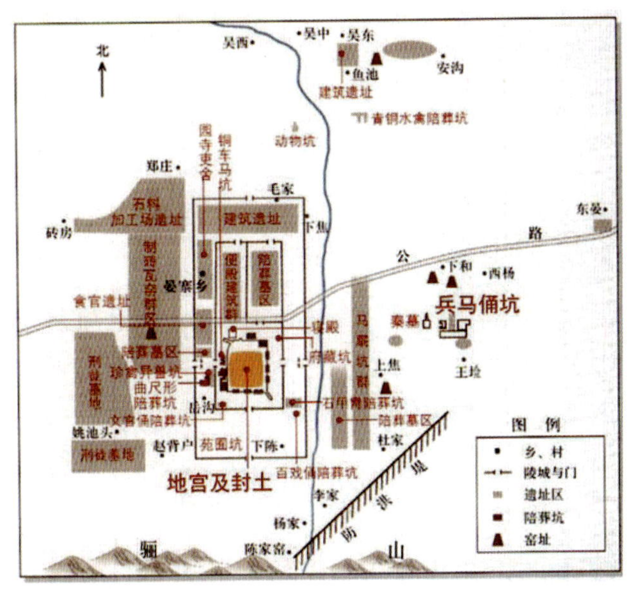

秦始皇陵园文物遗迹分布示意图

秦始皇帝陵

中国历史上第一个皇帝嬴政的陵墓，位于西安市临潼区城东 5 公里处的骊山北麓。秦始皇陵建于公元前 246 年至公元前 208 年，历时 39 年，是中国历史上第一个规模庞大、设计完善的帝王陵寝。秦始皇陵筑有内外两重夯土城垣，象征着都城的内城和外郭。陵园面积达 56.25 平方公里。陵冢位于内城南部，呈覆斗形，底边周长 1700 余米。秦始皇把他生前的荣华富贵全部带入地下。地面上有寝殿、便殿等豪华建筑，地下宫殿是陵墓建筑的核心部分，位于封土堆之下。《史记》记载：地宫“穿三泉，下铜而致椁，宫观百官，奇器珍怪徙臧满之。以水银为百川江河大海，机相灌输。上具天文，下具地理，以人鱼膏为烛，度不灭者久之”。考古勘探发现地宫面积约 18 万平方米，中心点的深度约 30 米。

陵园以封土堆为中心，四周分布着大量形制不同、内涵各异的陪葬坑和墓葬，现已探明的有 600 多个。除闻名遐迩的兵马俑陪葬坑、铜车马坑之外，又新发现了大型石质铠甲坑、百戏俑坑、文官俑坑等，是世界上规模最大、结构最奇特、内涵最丰富的帝王陵墓之一，充分展现了两千多年前中国人巧夺天工的艺术才能，是中华民族的宝贵文化财富，1987 年被评为“世界文化遗产”。

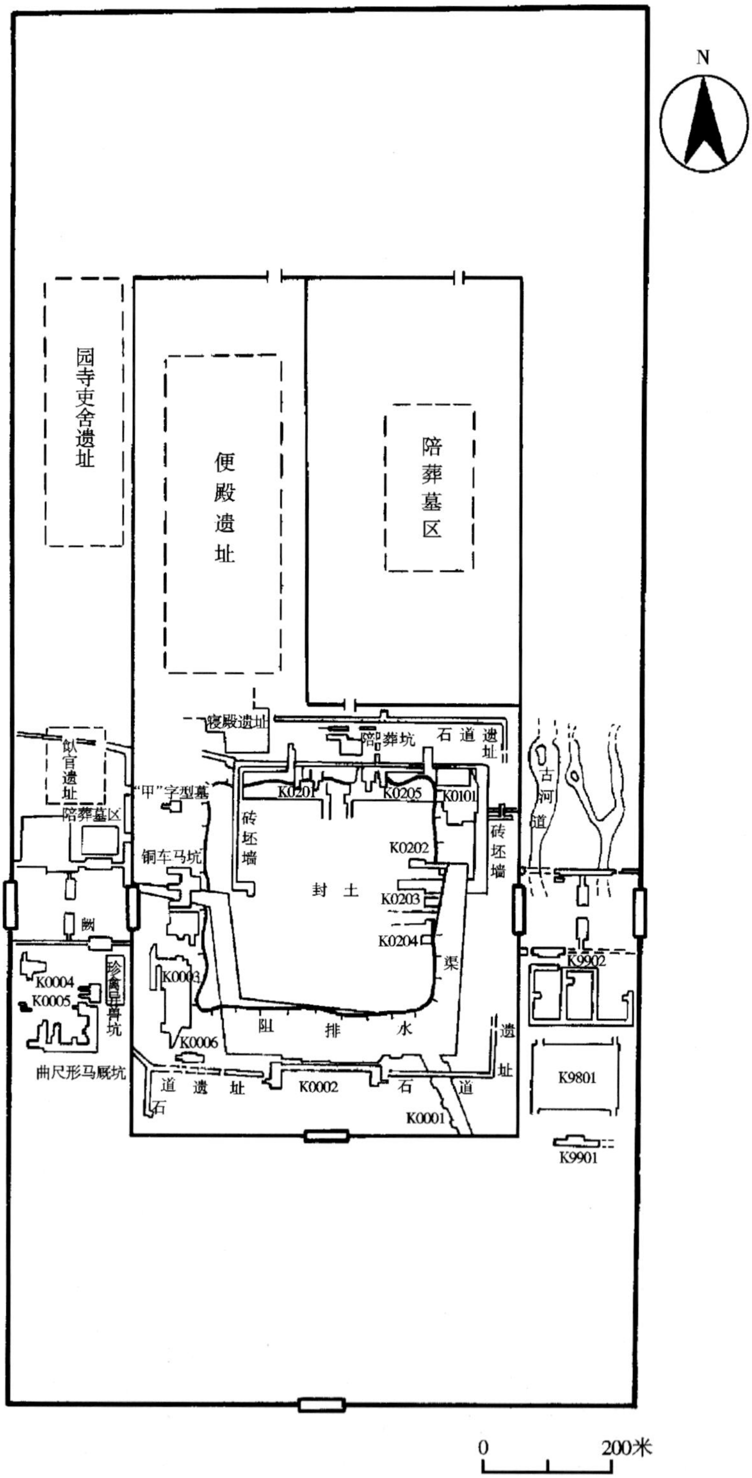

秦始皇陵外城以内遗迹示意图

秦始皇帝陵一号铜车马

现藏秦始皇帝陵博物院

秦始皇帝陵二号铜车马

现藏秦始皇帝陵博物院

秦始皇帝陵铜车马，1980年出土于秦始皇帝陵陪葬坑，象征皇帝銮驾的一部分。车、马、人及驾具的大小均为当时实物的一半。两乘车都是用青铜制作，并配有大量的金银饰件。每组部件或每根鞁具又由几个到几十个小构件连接、组合而成，每乘车的零构件累计总数达3000余件。车、马、驭手及大部分部件的表面都施有彩绘纹饰，或涂有颜色。一号车叫“立车”，车体较小，通长225厘米，高152厘米，总重量1061公斤，“伞”顶呈圆形，车厢为横长方形，这与古人天圆地方的思想有关。二号车叫“安车”，结构较为复杂，通长317厘米，通高106厘米，总重量1241公斤，车上有一椭圆形的车篷盖，车厢分为前后两室，前室较小，供驾车人乘坐，后室较大，为主人乘坐。安车车体前端及左、右两侧各有一窗，门位于车后。三个车窗上刻有细小的镂空菱形花纹，具有通风保温的作用。因此该车也叫辒辌车。

秦始皇陵出土的铜车马结构复杂，且表面布满彩绘纹饰，在世界考古史上尚属首现。它的发现使两千年前单辕双轮车的结构及系驾关系等一些模糊不清的问题得以解决。秦陵铜车马是迄今为止发现的体型最大、结构最复杂、系驾关系最完整的青铜车马，被誉为“青铜之冠”。铜车马一经出土，立即吸引了全世界的瞩目。

汉景帝阳陵

阳陵是汉景帝刘启及其皇后王氏同茔异穴的合葬陵园，位于陕西省咸阳市渭城区正阳镇张家湾、后沟村北的咸阳原上，地跨咸阳市渭城区、泾阳县、高陵县三县区。始建于公元前153年，至公元前126年竣工，陵园占地面积20平方公里，修建时间长达28年。平面呈不规则葫芦形，东西长近6公里，南北宽1至3公里，面积约12平方公里。由帝陵，后陵，南、北区从葬坑，刑徒墓地、陵庙等礼制建筑，陪葬墓园及阳陵邑等部分组成。帝陵坐西面东，居于陵园的中部偏西；后陵、南区从葬坑、北区从葬坑、一号建筑基址等距分布于帝陵四角；嫔妃陪葬墓区和罗经石遗址位于帝陵南北两侧，左右对称；刑徒墓地及三处建筑遗址在帝陵西侧，南北一字排列；陪葬墓园棋盘状分布于帝陵东侧的司马道两侧；阳陵邑则设

汉景帝阳陵全景

位于陕西省咸阳市渭城区

置在陵园的东端。整个陵园以帝陵为中心，四角拱卫，南北对称，东西相连，布局规整，结构严谨，显示了唯我独尊的皇家意识和严格的等级观念。

从目前勘探发掘的情况来看，阳陵是汉长安城的缩影。现已建成汉阳陵博物馆，是一座巧妙融合现代科技与古代文明、历史文化与园林景观于一体的大型文化旅游景区，是中国占地面积最大的博物馆，为全国重点文物保护单位。

汉武帝茂陵

西汉武帝刘彻的陵墓，位于西安市西北 40 公里的兴平市东北南位镇茂陵村，是西汉帝陵中规模最大的一座，历时 53 年建成。陵园呈方形，分为内外两城，四周环以围墙。封土为覆斗形，现存残高 48.5 米，墓冢底部基边长约 240 米。陵园呈方形，边长约 420 米。至今东、西、北三面的土阙犹存。

汉武帝茂陵封土

位于陕西省兴平市

茂陵的地宫内充满了大量的稀世珍宝。《汉书·贡禹传》云:“武帝弃天下,霍光专事,妄多藏金钱财物,鸟兽钱鳖牛马虎豹生禽,凡为九十物,尽瘗藏之。”因为汉武帝在位年久,又处在经济繁荣、国力强盛的时期,所以随葬品很多,除了 90 多种随葬品外,连活的牛马、虎豹、鱼鳖、飞禽等也一并从葬。另据记载,康渠国国王赠送汉武帝的玉箱、玉杖,以及汉武帝生前阅读的 30 卷杂经盛在一个金箱内,也一并埋入陵墓之中。其陪葬墓众多,重要的有卫青、霍去病、霍光、金日磾等人的墓葬。1981 年在茂陵东陪葬墓中发掘出鎏金铜马、鎏金银竹节熏炉、提链铜暖炉等珍贵文物 230 余件,都是极为罕见的艺术珍品。霍去病墓形似祁连山,象征霍去病生前征战匈奴、河西大捷的境况;其墓上的十六石刻雕塑是中国迄今发现时代最早、保存最完整、最具有艺术价值的大型石刻群,其雕刻手法简练,借石拟形,浑然天成,生动逼真,意气盎然,有出神入化之妙,被视为人类艺术之瑰宝。霍去病墓是汉代帝王陵墓中规模最大、修造时间最长、陪葬品最丰富的一座,为全国重点文物保护单位。

汉画像石墓

指西汉晚期至东汉末以石刻画像为装饰的石结构或砖石混合结构的墓葬。墓主多为强宗豪右和高官显贵。墓中的画像石原来大多施加彩绘，汉代即被称为“画”。汉画像石墓的发掘和研究，是汉代考古和美术考古的一项重要内容。汉墓中大量的石刻画像，生动地记录了当时社会生活的许多侧面，是了解当时政治、经济、思想和艺术的宝贵资料。分布区域大体有四个中心：一是河南南阳、鄂北区；二是山东、苏北、皖北区；三是四川地区；四是陕北、晋西北区。此外，在河南密县、永城，北京丰台，浙江杭州等地也有零星发现。前三个中心区域都是当时经济、文化发达的中心；陕北、晋西北区汉代属上郡，东汉顺帝以前是北方边防重地，其中心绥德又位于连通东西方的贸易通道上。在这些地区，都广泛分布着可供开采构筑墓室石材的山丘。因此，当汉代豪富日益重视厚葬时，这些地区便发展起了耗资巨大的画像石墓。目前在南阳、徐州、榆林等地均建有汉画像石博物馆。

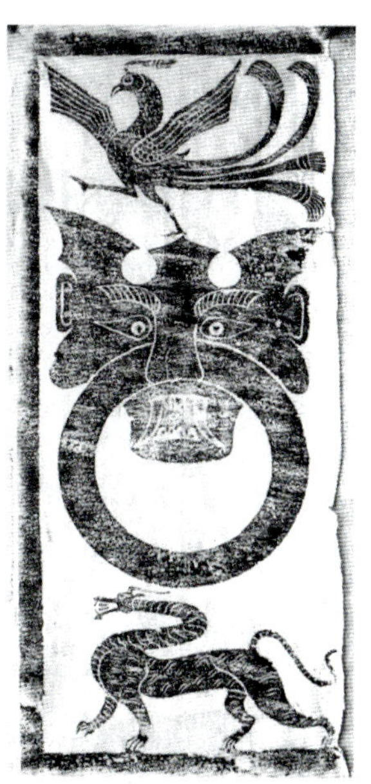

陕北绥德画像石

孔子见老子画像石，高 88 厘米，宽 34 厘米，出土于陕北绥德。该石描绘了鲁昭公与孔子同车适周，向老子问礼的历史故事。画面分多层：最上层为孔子见老子，其中的小童为项橐。孔子手中拿一鸠仗，鸠仗是古代统治阶级标榜尊重老人的信物，由朝廷发放。相传上端的鸠鸟为不噎鸟，用以祝福老人健康长寿。

画像石实际上是汉代地下墓室、墓地祠堂、墓阙和庙阙等建筑上雕刻画像的建筑构石。因此，本质上汉画像石是一种祭祀性丧葬艺术。画像石不仅是汉代以前中国古典美术艺术发展的巅峰，而且对汉代以后的美术也产生了深远的影响，在中国美术史上具有承前启后的重要地位。

孔子见老子画像石

现藏西安碑林博物馆

汉画像砖

汉画像砖

画像砖盛行于两汉，多在墓室中构成壁画，有的则用在宫室建筑上。画像砖主要用木模压印然后经火烧制成，也有在砖上刻出纹饰。画面的表现形式有浅浮雕、阴刻线条和凸刻线条。有的上面还有红、绿、白等颜色。画像砖的画面内容非常丰富，有表现墓主身份和享乐生活的，有表现劳动生产的，有描绘社会生活和政治制度的，有反映神话传说和迷信思想的，还有表现统治阶级车马出行的。多数画像砖为一砖一个画面，也有一砖为上下两个画面的。考古发现表明画像砖主要集中分布在四川、河南、甘肃等省。汉代画像砖以其天真质朴、写意传神、气韵生动、风格独特在中国艺术史上占有不朽地位，成为中国美术发展史上的一座里程碑。

汉壁画墓

兴起于西汉早期，流行于东汉。墓主多为高官显贵或地方豪强，对于了解汉代社会的经济、文化及审美思想和绘画的发展具有重要意义。随着豪强大族厚葬习俗的发展，在当时经济文化中心或军事要塞便出现了壁画墓。其分布大体可划分为六大区域：其一，豫、陕、晋区；其二，豫、苏、皖区；其三，冀中南区，以上三个区域土地肥沃，河流纵横，是当时经济、文化的中心地带；其四，长城沿线区；其五，辽南区；其六，河西区。画像的内容大致可归纳为六类：其一，表现墓主庄园中生产活动场面的农耕、桑园、放牧、

射猎等；其二，表现墓主仕宦经历和身份的车骑出行、任职治所、属吏、幕府以及坞壁等；其三，表现墓主享乐生活的燕居、庖厨、宴饮、乐舞百戏等；其四，宣扬儒家伦理道德、强调人身依附关系的经史故事等；其五，神话传说故事类；其六，在天人感应论影响下产生的祥瑞图等。

陕北靖边东汉壁画墓

汉墓T型帛画

1972年长沙马王堆一号汉墓出土。通长205厘米，顶端宽92厘米，末端宽47.7厘米。在马王堆一号汉墓的锦饰内棺的盖板上覆盖着这幅彩绘的帛画，保存完整，色彩鲜艳，内容丰富，形象生动，是不可多得的艺术珍品。这幅帛画用单层的细绢作地，绢地现呈棕色，为T形，上宽下窄。这幅帛画的内容可分为上、中、下三部分，描绘了天上、人间和地下的景象。上部为天界的景象，上方正中的人首蛇身的神就是传说中的烛龙神，周围有仰首而鸣的立鹤、俯身飞舞的鸿雁，是属于天上的瑞鸟仙禽。右上方绘有红色的太阳，太阳中有“金乌”，下面画有8个小太阳，落在扶桑树的枝干中，左方绘有月牙，上有蟾蜍和玉兔，月下一女子凌空飞舞，双手攀住月牙，这应是神话中的“嫦娥奔月”，其下有两个兽面人身、骑着异

汉墓T型帛画

现藏湖南省博物馆

兽奔驰的神，分别用绳牵拉同一木铎，使之震响，应是天上的“司铎”或是“风伯”，而两只异兽所骑的就是神马“飞黄”。左边一翼龙腾跃于云气之上，右边一龙飞舞于扶桑树之间，应为“应龙”和驾日车的“六龙”。下方绘着双阙，阙上两旁各蹲一神豹，阙内有两人拱手相坐，应是把守天门的“司阍”，意为迎接升天的灵魂。华盖的正下方，有一只形似猫头鹰的怪鸟，这种怪鸟在《山海经》中被称为“飞廉”，是凤凰的一种，在这里是用来引领老太太的灵魂升天的。人间部分则用写实的手法描绘了辛追老夫人出行的场景。地狱部分有一个赤身裸体的男子——鲧，他正托举着大地，脚踩两只鳌鱼，传说中只有鲧才能稳住兴风作浪的鳌鱼，直至地震山崩的发生。T型帛画的出现说明汉代初期用毛笔作画，在画技、着色和布局方面都已达到高超的水平，也充分反映了汉代的丧葬文化。

交通篇

秦在统一后修建了通往全国的驰道、直道道路系统。汉代新建的陆路交通路线，重点放在通往巴蜀、西北、北边、岭南及西南等地区。以蜀道之开辟而言，在秦时之栈道外，汉代更多兴建。故《史记·货殖列传》有“栈道千里，无所不通”的记载。武帝时，有人建议修褒斜道，“天子以为然”，乃“发数万人作褒斜道五百余里”，道路四通八达。

秦直道

秦始皇为了抵御北方匈奴的进攻修筑的一条南北军事交通大道。由淳化县梁武帝村的云阳林光宫开始往北，经过甘肃、陕西，越过黄河通向包头西的九原郡遗址（今包头市郊麻池古城），修起一条长700公里的直道。这是在距今2200年前，用落后的生产工具，而且仅用两年半时间，就完成了改线、施工、建筑驿站、邮亭等任务，其速度之快、工程之艰巨，在中国乃至世界筑路史上可谓奇迹！

直道修成以后，除在军事上收到威慑北方匈奴的效果以外，对于南北政令传达、经济开发和文化交流也起到极为有益的作用。如果说北部的长城是一面盾，那直道无疑就是一把锋利无比的剑。秦朝灭亡以后，直道仍然发挥着重要的作用。西汉时期继续利用秦时所修的直道防御匈奴南犯，而且对于直道的维护也曾有所着力。

陕北富县秦直道

秦驰道

公元前 221 年，秦始皇统一六国，次年就下令修筑以咸阳为中心、通往全国各地的驰道。著名的驰道有多条，有出今西安高陵通上郡的上郡道，过黄河通山西的临晋道，出函谷关通河南、河北、山东的东方道，出今商洛通东南的武关道，出秦岭南通四川的栈道，出今陇县通宁夏、甘肃的西方道。《汉书·贾山传》记载："秦为驰道于天下，东穷燕齐，南极吴楚，道广五十步，三丈而树，厚筑其外，隐以金椎，树以青松。"由此可见，秦驰道是按照一定规格修筑的，路基砌筑高且牢固，宽度为五十步（约今 69 米），道旁每隔三丈（约今 7 米）种青松一株。路中间为专供皇帝出巡车行的部分。

驰道的修建对于促进当时经济和文化的交流与发展起着一定作用，也为后代道路建设奠定了基础。可以说，这是中国历史上最早的"国道"。秦驰道工程十分浩大，是古代筑路史上的杰出成就，加上其他水陆通道，初步形成了全国规模的交通网。

秦都咸阳周连交通示意图

蜀道

秦汉时期通往蜀地的道路。蜀地被群山环绕，古时交通不便，道路难以行走。蜀道是一个内涵极其丰富的大概念，包括四面八方通往古代蜀地的道路，有自三峡溯江而上的水道，由云南入蜀的僰道，也有自甘肃入蜀的阴平道和自汉中入蜀的金牛道、米仓道、荔枝道等，也包括蜀地范围内的道路，这是广义上的蜀道。而通常学术研究中提到的“蜀道”，则是指狭义的概念，即由关中通往汉中的褒斜道、子午道、故道、傥骆道以及由汉中通往四川的金牛道、米仓道等。这些道路在秦汉时期都得以通行。

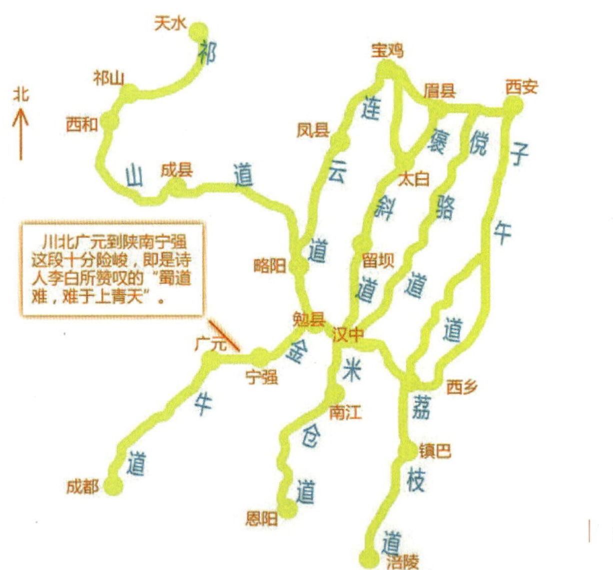

蜀道示意图

灵渠

又名湘桂运河、兴安运河，是世界上最古老的人工运河之一，是目前所知世界上最古老的盘山渠道，也是秦代著名的漕运水利工程，为秦统一岭南地区做出了杰出的贡献。它沟通了长江水系的湘江和珠江水系的漓江，自古以来是岭南与中原地区之间的水路交通要道。现为全国重点文物保护单位。

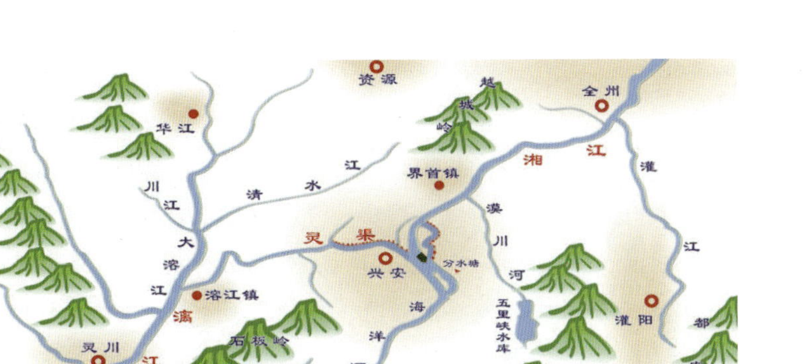

灵渠
位于广西桂林市兴安县

丝绸之路

丝绸之路通常是指欧亚大陆北部的商路，西汉时期由张骞首次打通的丝路，被称为“凿空”。公元 73 年，东汉的班超又重新打通隔绝 58 年之久的西域，并将这条路线首次延伸到了罗马帝国。罗马帝国也首次顺着丝路来到当时的洛阳。在通过这条漫漫长路进行贸易的货物中，丝绸最具代表性，“丝绸之路”因此得名。丝绸之路不仅是古代亚欧互通有无的商贸大道，还是促进亚欧各国和中国的友好往来、沟通东西方文化的友谊之路。通过这条道路，中国和中亚、西亚及欧洲的商业往来迅速增加。中国的丝、绸、绫、缎、绢等丝制品，源源不断地运向中亚和欧洲，因此，希腊、罗马人称中国为赛里斯国，称中国人为赛里斯人。所谓“赛里斯”即“丝绸”之意。19 世纪末，德国地质学家李希霍芬将行走的这条东西大道誉为“丝绸之路”；德国人胡特森在多年研究的基础上，撰写成专著《丝路》。从此，丝绸之路这一称谓得到世界的承认。丝绸之路在世界史上有重大的意义，这是亚欧大陆的交通动脉，是中国、印度、希腊三种主要文化交汇的桥梁。除了陆上丝绸之路，还有海上丝绸之路和草原丝绸之路等。

陆上丝绸之路示意图

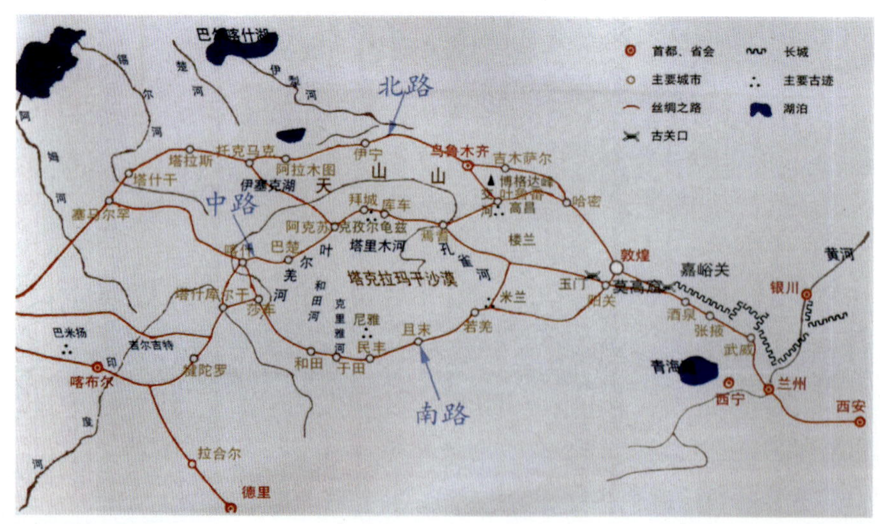

汉代陶骆驼

现藏西安博物院

汉代陶骆驼，西安沙坡出土，高 76 厘米，长 97 厘米。曲颈昂首，目视前方，大眼长嘴，双耳后抿，头披长鬃，颈须下垂，背为双峰，短尾，四肢直立，形象生动，体形高大，极为罕见。反映出当年丝绸之路上往来交通的盛况。

秦汉渭河桥

2012 年以来，考古工作者在汉代长安城遗址以北新发现和确定了厨城门桥、洛城门桥等渭河木桥，这是迄今为止所见规模最大的秦汉古桥，其规模巨大，横跨渭河，是秦汉最为重要的桥梁之一，其中的一座桥长达 800 米。据文献记载，位于汉长安城北侧的渭桥，是长安城北向、西向交通的第一关键。秦都咸阳的交通、汉长安城北边的五陵邑都需要通过渭河大桥，从而使渭桥具有无可替代的交通地位。

秦汉渭河桥遗址

位于西安市未央区

东汉陶船模型

出土于广东省广州市，高 16 厘米，长 54 厘米。此陶船首尾狭，中宽，底平。分三个舱室，前舱矮而宽，蓬顶作拱形；中舱略高，呈方形，蓬顶呈圆形而微凸；后舱特高，稍狭，蓬顶作拱形。船首有碇，船尾有舵，舵杆通过舵室固定在船尾部，这是世界上已发现的最早的船舵形象资料。舵是中国古代造船技术上的重要发明。陶船上塑有六个人物，分立各处作操作状。甲板上还布置有六组矛和盾，说明这是一艘有武装保护的内河航船的模型。根据船上所塑人物身高比例推算，此船长 15—20 米，载重量约 50 石，在当时是一艘中等规格以上的船。

东汉陶船模型

现藏中国国家博物馆

彩绘木轺车

甘肃省武威市磨嘴子汉墓出土，马高 88.2 厘米，长 78.8 厘米。车高 95.2 厘米，长 96.5 厘米。由舆车、伞盖、御奴和马组成。舆车有双辕，双轮各有辐条 16 根。御奴跪坐，作双手持缰状，以黑、白两色勾出眼、鼻及冠服。马用红、白、黑三色彩绘，马口含兽面饰衔嚼一副，颈上套轭。据汉代制度，此车为六百石至千石的官吏乘坐的车。

彩绘木轺车
现藏甘肃省博物馆

文化艺术篇

文化艺术是社会发展的产物，是在当时的物质条件和相应的社会关系的基础上创造和构成的，秦汉文化是中国古代文化艺术发展的第一个高峰。当时在科技、思想、史学、文学和艺术等方面都创造了突出的成就，是中国传统文化的重要组成部分，为人类文明的发展做出了重大贡献，也奠定了良好的发展基础。

简帛

纸张出现之前，文书大都刻写在竹帛简牍之上。“竹帛简牍”中的“竹”指削成薄片的竹简；帛指白绢；简的内涵比较丰富，包括竹简和木简以及所有用来书写的薄片状东西；牍是比简略为厚重的小板子，也分木、竹两种。由于古代工具所限，削制简片既费时又费力，还要受原料的制约，所以才出现了相对易得的“牍”。简和牍的区别在于一薄一厚，简必须大小相等、薄度一致，而且要两头打孔以便穿绳。而牍的使用则相对灵活，它没有大小规格，随意性很强。一般情况下，秦汉两朝的行文准则是超过百字的长文写在“简”上，不足百字的短文写在“牍”上。至于“帛”，由于成本高昂，只有皇帝和王公贵族才有资格使用。作为古代的往来文书，竹帛简牍在我国书写史上具有特殊意义，既为我们保存了古代的文书样式，又让我们见识到古人的书法之美。简牍刻写完毕，要用线绳将多张简片穿好，然后打卷捆扎结实，再装入皮囊封口后交驿使传递出去。

西汉长沙国南部地形图，长沙马王堆三号汉墓出土，绢质，长 97 厘米，宽 93 厘米。简称“地形图”。所绘主区为汉初长沙国南部八县（道），即今湖南南部潇水流域、南岭、九嶷山及附近地区。邻区是汉初南越国的辖地。主区部分内容比较详细，邻区内容简略。此图虽未标明比例尺，但经测算，其主区比例约为 1 ： 180000，相当于汉代的一寸折十里。图上所绘河流骨架、流

西汉长沙国南部地形图
现藏湖南省博物馆

向及主要弯曲等，均和现在地图大体相似，所绘山脉坐落、山体轮廓、范围及走向也大体正确。这些都说明它是一幅经过科学测量、计算而绘制的地图。该图翔实的内容、科学的表示方法、精良的绘制技术，都超越了以往人们对古代地图传统的概念。国际制图学界普遍认为：马王堆汉墓地图是世界地图学史上罕见的珍宝，具有划时代的意义，是迄今为止最早把南海绘入中国的古地图。

造纸术

造纸术是中国的四大发明之一，造纸手工业的出现是汉代历史上的大事。纸是中国人民最伟大的发明之一，其对人类文化传播与推动所起的作用是不可估量的。在中国有了纸才有印刷术的发明，有了纸才能大量地抄书、藏书、印书，才能流通文化；有了纸在世界艺术史上大放异彩的中国绘画才能得到蓬勃发展。纸

汉代敦煌麻纸

传到欧洲就促成了世界历史上有名的文艺复兴和宗教改革，促进了社会的进化。

考古发现西汉时期已经开始使用丝絮和麻造纸，有西安灞桥纸、陕西扶风纸、内蒙古居延纸，甘肃天水还发现西汉纸质地图，都说明西汉时期已经有纸了。东汉时期蔡伦改进了造纸术，使纸的适用范围得以扩大。

西汉纸质地图

现藏甘肃省博物馆

西汉纸质地图，甘肃天水放马滩五号汉墓出土，残长8厘米。纸面平整、光滑，结构紧密，表面有细纤维渣，可见造纸技术比较原始。其原料为大麻，是早期麻纸。纸上用墨线绘有山、川、崖、路等，是一幅世界最早的纸绘地图，也是当前世界上最古老的实物地图，为我国乃至世界的科技史、地图学史增添了新的篇章。

天文

东汉张衡制成了世界上第一台能够预报地震的候风地动仪，落下闳等人制定的《太初历》第一次将二十四节气订入历法。

汉代青铜漏壶，西汉河平二年（前27）制造，内蒙古杭锦旗出土。此壶从梁、盖长方孔处插有刻度的沉箭（已失），沉箭随壶水外漏逐渐下降，用于测定时间。反映出当时人们对时间的重视程度。

汉代青铜漏壶

现藏中国国家博物馆

医学

张仲景因《伤寒杂病论》而被尊为中华“医圣”、中医之祖。史书记载华佗是世界上最早采用全身麻醉的医生。

数学

在湖南里耶古城发现的乘法口诀表是迄今最早的乘法口诀。公元前 1 世纪的《周髀算经》及东汉初年的《九章算术》则是数学领域的杰作。

秦乘法口诀

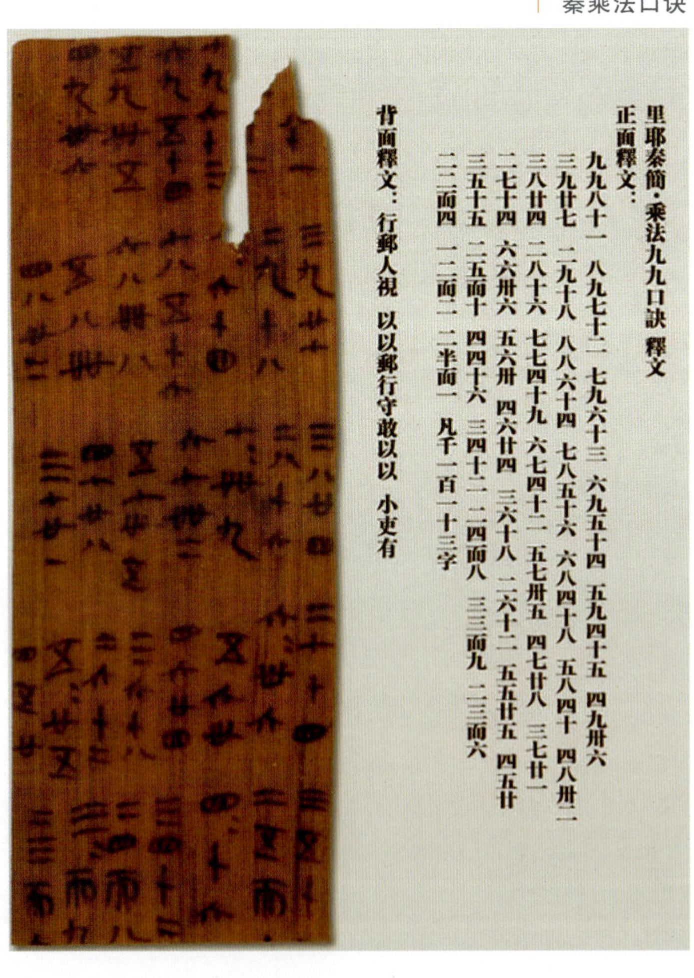

《九章算术》，约成书于东汉前期。全书分为九章：一是方田（分数四则算法和平面形求面积法）；二是粟米（粮食交易的计算方法）；三是衰分（分配比例的算法）；四是少广（开平方和开立方法）；五是商功（立体形求体积法）；六是均输（管理粮食运输均匀负担的计算法）；七是盈不足（盈亏类问题解法）；八是方程（一次方程组解法和正负术）；九是勾股（勾股定理的应用和简单的测量问题的解法）。其中负数、分数计算，联立一次方程解法和联立二次方程解法的雏形等，都是具有世界意义的成就。全书由 246 个算术命题和解法汇编而成，标志着我国古代数学的完整体系的形成。

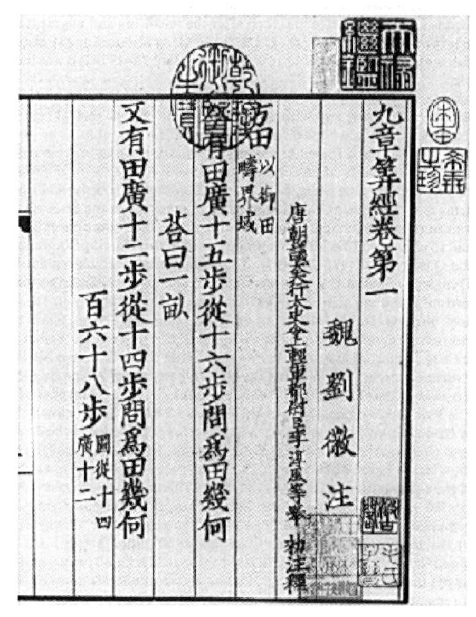
九章筭經卷第一　魏劉徽注

唐朝議大夫行太史令上輕車都尉臣李淳風等奉敕注釋

方田 以御田疇界域

今有田廣十五步從十六步問爲田幾何

荅曰一畝

又有田廣十二步從十四步問爲田幾何

荅曰百六十八步 圖從十四廣十二

《九章算术》影印页

司马迁祠

《史记》

西汉司马迁著，是西汉时期最伟大的文化创造之一，是我国第一部纪传体通史。全书共一百三十卷，约五十二万六千五百字，有十表、八书、十二本纪、三十世家、七十列传，记载了上起中国上古传说中的黄帝时代、下至汉武帝元狩元年（前 122）共三千多年的历史。该书包罗万象，融会贯通，脉络清晰。作为史学和文学著作，其内容之完整、结构之周密在历史上是空前的，达到了“究天人之际，通古今之变，成一家之言”的目的，翔实地记录了汉代以前的政治、经济、军事、文化等各个方面的发展状况，可谓百科全书式的著作，被鲁迅誉为“史家之绝唱，无韵之《离骚》”。因此被历代史家所推崇，成为此后两千年王朝正史编纂形式的规范，对后世的影响巨大，被称为“实录、信史”，与《资治通鉴》并称为史学“双璧”。司马迁也被后世尊称为史圣，与司马光并称“史界两司马”，与司马相如合称“文章西汉两司马”。

《日书》

秦汉时期从事婚嫁、生子、丧葬、农作、出行等各项活动时选择时日吉凶宜忌的参考书，其本质就是古代民间一种“选择时日吉凶的数术”。《日书》文本结构的一个基本特征是以天文历法为经，以生活事件为纬，共同交织成一幅日常社会的多彩画卷。从社会文化史的角度观察，《日书》以“时”序“事”，将人事附着于天文，正是我国传统文化中“天人合一”观念的具体表现。《日书》占卜的内容可以用八个字来概括，即“生老病死，衣食居行”。《日书》对一个人的出生常常从时间、地点等各方面进行预测。比如，在流沙坠简中有一条占文写道：“生子东首者，富；南首者，贵；西首者，贫；北首者，不寿。”这是依据生子时的方位占卜。睡简《日书·生子》篇则根据时日干支占卜，有一条简文说庚寅这一天出生，“女为贾，男好衣佩而贵”。

《日书》基本上不涉及国家大事和公共事务，关心的只是个人的生老病死和衣食居行，在讲述这些社会基层民众的日常琐事时，它并不是明白直接地道出，而是蒙上一层神秘的外衣，这件神秘外衣的根本就在于五行学说。透过五行学说的迷雾，可以深切地感受到古人日常生活。此类《日书》在秦汉考古发掘中多有发现。

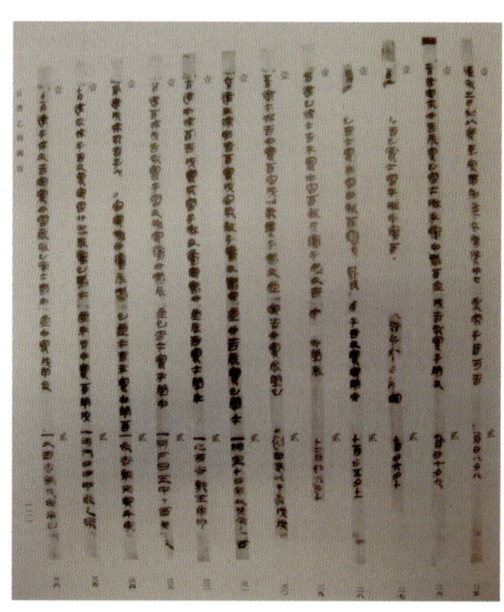

云梦秦简《日书》

现藏湖北省博物馆

秦汉石刻

秦汉时期，石刻技术取得了较大的进展，除了陵墓石刻外，还出现了立碑石刻，反映出当时文字的发展演变。

马踏匈奴石刻，高168厘米，长190厘米，是汉朝骠骑将军霍去病墓上石刻之一。霍去病去世后，汉武帝刘彻下令为他建造一座形似祁连山的陵墓，并在陵墓上列置石雕作品，以象征性的手法来表现这位民族英雄生前的精神风貌与不朽功勋。其中的“马踏匈奴”尤为动人，堪称中国古代雕塑史上的典范之作。作者运用了寓意的手法，用一匹气宇轩昂、傲然屹立的战马来象征这位年轻的将军。它高大、雄健，以胜利者的姿态伫立着，有一种神圣不可侵犯的气势；而另一个象征匈奴的手持弓箭的武士则仰面朝天，被无情地踏在脚下，显得如此渺小，蜷缩着身体进行垂死挣扎。整个作品风格庄重雄劲，深沉浑厚，寓意深刻，耐人寻味，既是古代战场的缩影，也是霍去病赫赫战功的象征。雕塑的外轮廓准确有力，形象生动传神，刀法朴实明快，具有丰富的表现力和高度的艺术概括力，是我国陵墓雕刻作品的典范之作。

马踏匈奴石刻
现藏茂陵博物馆

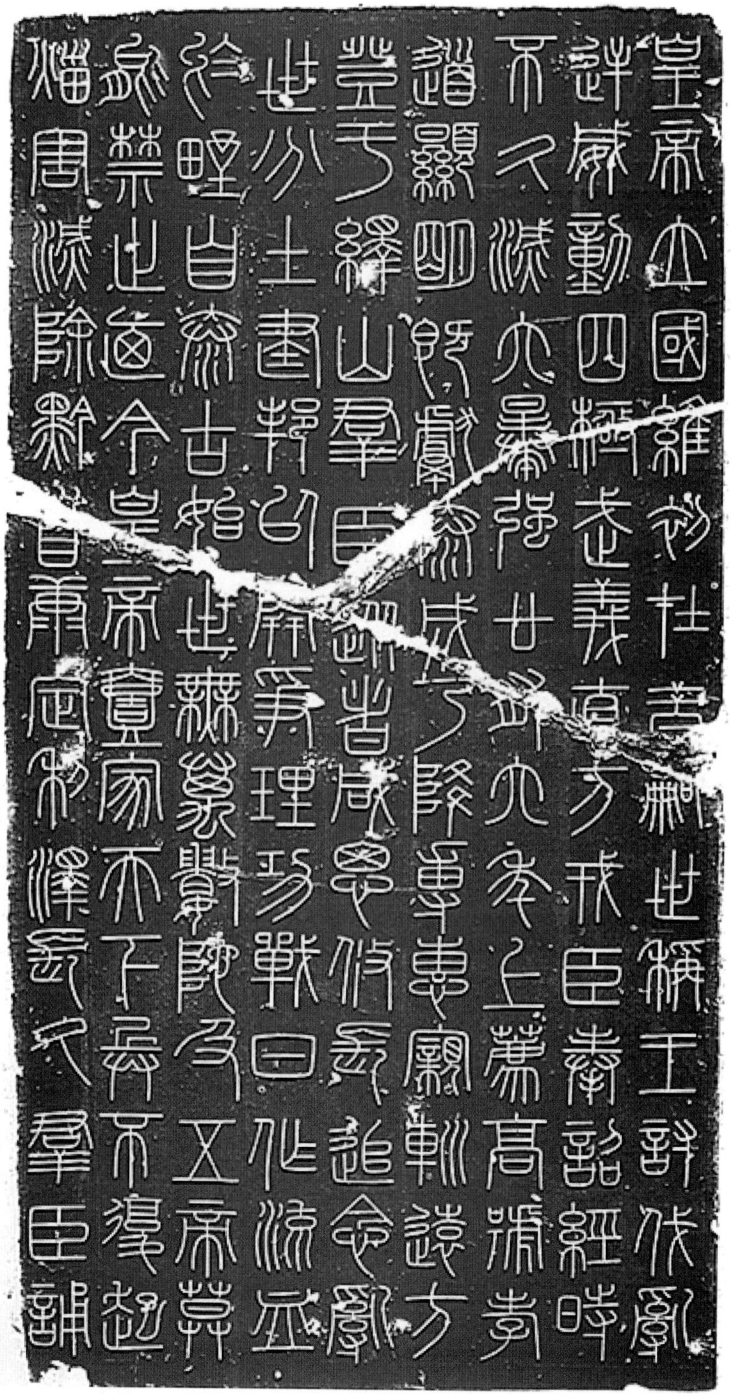

峄山刻石

现藏西安碑林博物馆

峄山刻石，《史记·秦始皇本纪》："始皇二十八年（前219）东行郡县，上邹绎山，与鲁诸儒生议刻石、颂秦德、议封禅，望祭山川之事。"原秦峄山篆碑，立于峄山书门。此碑后被北魏太武帝登峄山时推倒。但因李斯小篆盛名遐迩，碑虽倒，慕名前来摹拓的文人墨客、达官显贵仍络绎不绝。当地官民因常疲于奔命送往迎来，便聚薪碑下，将其焚毁，从此不可摹拓。到了唐代，有人叹惜秦碑被毁，便将流传于世的拓片摹刻于枣木板上。宋代淳化四年（993）郑文宝以南唐徐铉摹本重刻于长安，高218厘米，宽84厘米，称长安本。其后全国据此翻刻九种之多。今存元至元二十九年（1292）篆刻《峄山刻石》。该碑刻文今已泐毁37字，尚存185字。从《峄山刻石》可以看出，李斯的书法运笔坚劲畅达，线条圆润，结构匀称，点画粗细均匀，既具图案之美，又有飞翔灵动之势，书法造诣高超。

曹全碑，全称"汉郃阳令曹全碑"，是东汉时期重要的碑刻。碑高约170厘米，宽约86厘米，长方形，无额，石质坚细。碑身两面均刻有隶书铭文。碑阳20行，满行45字；碑阴分5列，每列行数字数均不等。碑阳铭文记述郃阳县令曹全的家世及生平。明万历初年，该碑在陕西郃阳县旧城出土。在明代末年，相传碑石断裂，人们通常所见到的多是断裂后的拓本。1956年移入西安碑林博物馆保存。此碑碑石精细，碑身完整，实为汉碑、汉隶之精品，也是目前中国汉代石碑中保存比较完整、字体比较清晰的少数作品之一。

曹全碑局部

现藏西安碑林博物馆

秦汉音乐

秦汉时期，音乐得到了长足发展，秦始皇时“乐府”机构的设立，大大促进了音乐的繁荣。在今天的秦汉考古工作中，出土了众多与音乐相关的文物。

秦乐府钟
现藏秦始皇帝陵博物院

秦乐府钟，发现于秦始皇陵。通高 13 厘米，小巧玲珑，工艺精美。钟上不同纹饰相间排列、相互衬托，更显示出外形的精美。钲和鼓部饰错金银蟠螭纹，篆间饰错金流云纹，钟带为错金云纹，舞部满铸纤细的云雷纹。这样精美的纹饰是利用嵌错结合工艺制作的，充分显示了秦代高超的青铜冶铸水平和工艺水平，为进一步研究古代错金银及镶嵌工艺提供了珍贵的实物资料。特别惊奇的是发现钟纽上刻有“乐府”二字。这是我国考古史上迄今发现的最早一件能够证明秦代已有“乐府”的稀世之宝，从而纠正了千百年来“汉武帝始立乐府”的观点。

乐府丞印封泥（正背面）
现藏西安中国书法艺术博物馆

乐府封泥
现藏西安中国书法艺术博物馆

汉奏乐俑群，湖南省长沙市马王堆一号汉墓出土，高32.5－38厘米。共有五个，其中两个吹竽，三个鼓瑟，屈膝跪坐，低额高鼻，墨眉朱唇，头上插有竹签，穿着交领右衽长袍。雕刻细腻，形象生动，造型别于马王堆汉墓群俑。这是墓主人生前歌舞升平生活的写照。木俑采用浮雕的手法，注重头部与面部的雕刻，并施加墨绘和朱绘，还以彩绘表现色彩艳丽的服饰，既反映了当时雕塑艺术的水平和成就，又可考证当时人的生活习俗、衣着服饰及丧葬礼俗。

汉奏乐俑群

现藏湖南省博物馆

衣食住行篇

民以食为天，人类社会存在和发展的核心就是衣食住行问题，人类社会的所有政治、经济和文化制度，都是围绕人类的衣食住行而运作的。所以，判断一个王朝或者政权的政治、经济和文化制度是好是坏的根本标准，也是主要依据这个王朝或者政权的广大人民群众的衣食住行的好坏情况去判定的。秦汉时期人民的衣食住行已经达到了比较高的标准。

秦俑形象

带钩是钩系束于腰间革带的连接物。有革带必有带钩，秦俑腰际都浅浮雕出腰带，带头和带尾通过带钩在腹前钩接，形象逼真。带一般宽 3—4.5 厘米。带上有的刻画或描绘双钩的对角三角纹或菱花纹，也有的光素无纹。带钩饰于带头，带尾上有扣接带钩用的带孔。秦俑的带钩题材丰富，有以动物为题材的，有以生产工具为题材的，有以生活用具为题材的，有以乐器为题材的，还有其他形式的带钩等等。带钩的形状多样：动物题材带钩有鱼尾形、飞鸟形、鸭形、蝌蚪形等；生产工具题材的带钩有铁锨形、斧形、铲形；生活用具题材的带钩有瓢形、瓶形、勺形等；乐器题材带钩有琵琶形、琴形等。其他形式的带钩有蟠曲纹形、十字形、凸圆柄形、铆钉形等。

有一带钩蟠曲纹夔身屈曲盘结，回首顾尾，造型异常别致。另有一带钩作武卒奋刺形，采用浮雕手法雕一勇士，左腿前拱，右腿后蹬，身体前倾，双手一前一后握住长矛的长柄，作用力刺杀状。带钩的钩首为蛇头，设计奇妙，寓意明确，造型生动，这是一件颇费匠心的艺术品。造型逼真的秦俑带钩，不但表现了秦代劳动人民精湛的雕塑艺术技巧，也体现了源于现实生活的写实主义风格。

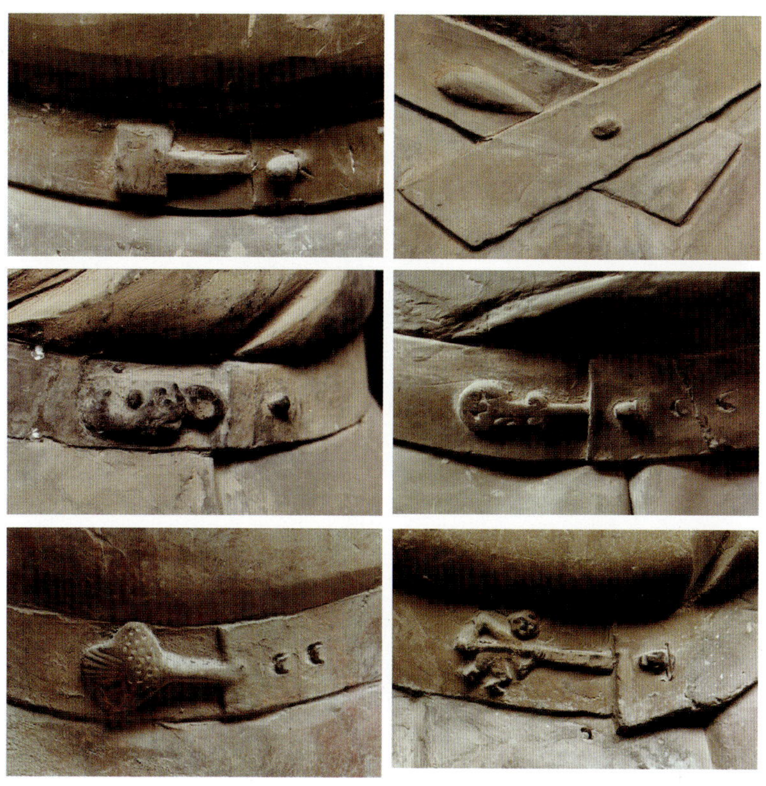

秦俑带钩

秦代人的头发是受到法律保护的。秦俑坑出土了一些俑，都在头顶的右侧绾着高大的圆丘形发髻，在双鬓及后脑各梳一根三股小辫，这三根小辫互相交叉盘结于脑后。三根小辫的交接处有的押着白色的方形发卡，发髻上扎着发绳和发带，发带的带尾飘洒于顶前。圆髻的形状远看大体相似，近看就可看出有各种不同的变化。秦俑发辫的盘结形式也多种多样，有的三条发辫的盘结呈十字交叉形，有的呈丁字形、卜字形、大字形、一字形等，发辫在后脑盘结，既美观又起着束发的作用。头顶右侧绾着发髻，可能与秦尚右的习俗有关。脑后绾扁髻者，一是兵马俑坑出土的各级军史俑、御手俑、骑兵俑，二是兵马俑坑出土的一部分重装铠甲俑。秦俑发型的多样化，反映了秦人的生活并不是刻板呆滞的，而是各有所好，各有自己的审美观，也正是它所展示出的美，才真正赋予了秦俑坑中人物多姿的形象和鲜明的性格。

秦俑发型

秦人十分钟爱胡须。秦汉时期，一般成年男子都留有胡须，只有犯了耐罪的人才被剃须。秦俑坑出土的武士都有胡须，且须样繁多，其样式可归纳为如下七类：络腮大胡、三滴水式的髭须、长须型、犄角大八字胡、双角自然下垂的八字胡、矢状小八字胡、板状小八字胡。七类胡须是仅就大体轮廓而言的，其细微的变化还有很多。秦俑胡须的各种样式，是秦代雕塑艺术大师们从现实生活中概括提炼出来，并加以适当的艺术夸张的，同时赋予了人物多姿的形象和鲜明的性格。秦俑的胡须虽不像西方雕塑手法那样写实，而是带有写意性，但这一雕塑手法也比较接近现实生活，反映了秦人颇具特色的审美观和生活情趣。

秦俑胡须

秦跽坐俑，出土于秦始皇陵，高64厘米。秦汉时期人们席地而坐。此俑为男性，脑后梳圆形发髻，面目清俊，有髭无须，身穿交领右衽长襦，双臂下垂，右手半握、左手自然置于膝上，双腿跽坐状，似一年轻的圉人，象征管理马厩以及饲养珍禽异兽。坐俑造型生动，体型完整，表现了一个宫廷养马人温顺恭敬、细心认真的性格。

秦跽坐俑

现藏秦始皇帝陵博物院

刘胜金缕玉衣

1968 年河北省满城中山靖王刘胜墓出土。全长 188 厘米，玉衣用金丝将玉片编缀而成，玉片为岫岩玉制作。上衣呈绿色，玉质莹润。下身为灰白和淡黄色。整体主要分为头罩、上衣、手套、裤筒和鞋等五部分。共用玉片 2498 片，金丝约 1100 克。玉衣头下有鎏金镶玉铜枕。这是目前我国考古发掘中出土年代最早最完整的玉衣。

刘胜金缕玉衣
现藏河北省博物馆

汉代铜灯

长信宫灯，出土于河北省满城中山靖王刘胜妻窦绾墓中。宫灯灯体为一通体鎏金、双手执灯跽坐的宫女，神态恬静优雅。此宫灯因曾放置于窦太后（刘胜祖母）的长信宫内而得名。灯体通高 48 厘米，重 15.85 公斤。宫灯设计十分巧妙，宫女一手执灯，另一手袖似在挡风，实为虹管，用以吸收油烟，既防止了空气污染，又有审美价值。宫灯由头部、身躯、右臂、灯座、灯盘和灯罩六部分分铸再组装成的。宫女体中是空的，头部和右臂还可以拆卸。宫女的左手托住灯座，右手提着灯罩，右臂与灯的烟道相通，以手袖作为排烟炱的管道。宽大的袖管自然垂落，巧妙地形成了灯的顶部。灯罩为圆形，由两块弧形的瓦状铜板合拢而成，嵌于灯

长信宫灯
现藏河北省博物馆

盘的槽中，可以左右开合，这样能任意调节灯光的照射方向、亮度和强弱。灯盘中心和钎上插上蜡烛，点燃后烟会顺着宫女的袖管进入体内，不会污染环境，以保持室内清洁。

雁鱼铜灯
现藏陕西历史博物馆

雁鱼铜灯，陕西省榆林市神木县店塔村出土。造型十分别致，整个灯为一只鸿雁回首衔鱼的形状。灯由雁头、雁体、灯盘和灯罩四部分组成，灯盘和灯罩能够转动开合，不仅可以挡风，还可以调节光线的明暗度和照射角度。最令人惊叹的是，灯油点燃后产生的油烟会顺着大雁颈部导入大雁的腹内，雁腹盛有清水，烟会溶于水中，从而起到净化空气的作用，避免了对环境的污染。这种科学巧妙的设计体现出汉人的聪明才智和环保意识。

汉饮食器

鎏金银蟠龙纹铜壶，满城中山靖王刘胜墓出土，通高 59.5 厘米，腹径 37 厘米，重 16.25 公斤。壶通体用鎏金、鎏银工艺装饰。口部和圈足饰鎏银卷云纹带，颈部饰金银相间的三角纹带，腹部饰四条独首双身的金龙相互翻卷蟠绕，并缀以金色卷云纹。铺首鎏金。盖面饰鎏金夔凤，盖缘饰鎏银卷云纹。纹饰金银相映，富丽堂皇，技艺精湛。壶内壁髹朱漆一层。

鎏金银蟠龙纹铜壶

现藏河北省博物馆

朱雀衔环杯

现藏河北省博物馆

朱雀衔环杯，1968年满城中山靖王刘胜妻窦绾墓出土，通高11.2厘米，宽9.5厘米。朱雀衔环矗立于两高足杯之间的兽背上，通体错金。朱雀展翅翘尾，神采飞扬，喙部衔一能自由转动的白玉环。兽匍匐，四足分踏在两高足杯底座上。朱雀的颈、腹与两杯的表面嵌有圆形和心形绿松石十三颗，色彩斑斓。出土时两杯内尚存朱红色痕迹，推测为化妆品。

彩绘陶壶，洛阳市烧沟墓葬出土，高39.6厘米。长径、流肩，圆腹、圈足，盖顶饰云气纹，通体先以白粉敷底，然后用朱、绿、蓝等色绘成锯齿纹、云气纹、三角纹等图案。通体施彩绘，色泽鲜艳。是当时人们的生活用品，也是彩绘陶器中不可多得的精品。

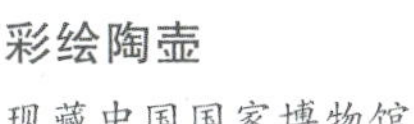

彩绘陶壶

现藏中国国家博物馆

西汉美酒
现藏西安博物院

西汉美酒，出土于西安市北郊一座汉代高级贵族墓葬。在清理一件西汉早期凤首铜钟时，惊奇地发现其中盛放着约 26 公斤青绿色的美酒，香味仍然扑鼻。专家普遍倾向于西汉美酒是黄酒，这是目前所知保存最好、存量最多的古代美酒。最近江西发现的海昏侯墓中出土了汉代的蒸馏器，将白酒的制造历史提前到了西汉时期。

两汉博具

博是古代一种争胜负、赌输赢的游戏。先秦时期已经流行，汉时尤盛。据目前考古发掘资料，已出土 30 余件古代博具实物（包括明器），其中 7 件出自战国、秦代墓葬，20 多件出自两汉墓葬。这套西汉博具较为完整，长沙马王堆三号汉墓出土，盒边长 45 厘米，通高 17 厘米。可贵的是，能够与同墓出土的一份“遣策”（登记随葬品的简册）记录相对照，使人们了解到博戏用具的一些情况。这套博具精美异常，放置在特制的漆盒内，有 1 件方形髹黑漆木博局，用象牙条嵌出方框和曲道。盒内还盛放了 12 根象牙箸状长筹码，30 根象牙箸状短筹码，12 枚象牙大棋子，18 枚小棋子，

1 件小木铲，1 个象牙削刀和 1 件环首角质刻刀。博具盒平面呈正方形，盒面上施用所谓“锥画”技法装饰，即针刻出飞鸟及云气纹，其间朱漆描绘几何纹。六博盘在西汉历史上还差点掀起一场引起全国内乱的风暴：汉文帝时高祖刘邦分封的刘氏宗室同姓诸侯王的势力逐渐发展壮大，他们越来越不把皇帝放在眼里，吴王刘濞就是其中之一，但当时由于种种原因，他不得不在表面上行臣子之礼，每年仍然亲赴长安朝拜皇帝，并时常派遣自己的儿子到长安联络感情。一次吴王太子又来长安，文帝为增进太子刘启与吴太子的堂兄弟情谊，便安排两人饮宴游玩。他们在玩六博棋的时候因抢棋道而发生争执，还是太子的景帝刘启一怒之下将棋盘打在了吴太子的太阳穴上，顷刻之间吴太子气绝身亡，这个事件埋下了“七国之乱”的祸根。

西汉博具
现藏湖南省博物馆

围棋是发源于我国并深受人们喜爱的一种娱乐活动，它的起源甚早。在《左传》《尹文子》等先秦典籍中都大量提到了当时士大夫弈棋的故事，源于此时的“举棋不定”等成语也都是取材于围棋中的术语。围棋在春秋战国时期已较为广泛地流传了。到了西汉，围棋已不仅是流行于士大夫阶层的贵族游戏，而且也被中下层平民接受。这件围棋盘是中国目前发现最早的一件实物，出土于汉景帝阳陵南阙门遗址。从其做工来看，比较粗糙，棋道刻得也不标准；从质地来看，是用当时的一块铺地方砖加工制成的。由此推断，这块棋盘应该并不是皇帝的陪葬品，而是一些守陵人闲暇时自己刻出来的。

围棋盘

现藏汉阳陵博物馆

汉骰

现藏河北省博物馆

汉骰，1968年河北满城县中山靖王刘胜及其妻窦绾墓中出土。骰是博彩的器具，骰子古称“茕”，古人讲“大博六箸，小博两茕”。行酒令即酒令，是酒席上的一种助兴游戏，投骰就是一种行酒令。汉茕皆为十八面行酒令青铜骰子。该行酒令骰子直径为7.5厘米，呈十八面圆球形，为青铜质，其中十六面依次有一至十六的编号，其余二面为文字，为“骄”和“酒来”字样，圆球镶绿松石、琥珀、玉石并错金银，做工考究、精湛，为典型的汉代饮酒时娱乐使用。十八面行酒令青铜骰子其间的文字明确说明游戏的规则和惩罚次序，极为罕见。

秦汉杂技

秦汉是中国杂技的形成和成长期。在秦杂技的基础上，汉代杂技内容更丰富、技艺更高超，在东汉时代形成了一种以杂技艺术为中心、汇集各种表演艺术于一堂的新品种——“百戏”体系。汉代杂技的卓越成就，表现在它的各种节目已成系列，具备了后世杂技体系的主要内容，这在全世界各国的表演艺术中是绝无仅有的。汉代出土的画像砖石中对各类节目都有形象记载。汉武帝为了夸扬国家的富庶广大，在元封三年（前108）的春天召集了许多外国来客，布置了酒池肉林，举行了盛大的宴会和赏赐典礼。在宴会进行中，演出了空前盛大的杂技乐舞节目。节目中有各式角抵戏的表演，七盘和鱼龙曼衍，还有戏狮搏兽的驯兽节目。

汉代杂技画像砖

乐舞百戏壁画

汉代杂技俑群

秦百戏俑，出土于秦陵东南部内外城间的陪葬坑中。该陪葬坑呈东西向长方形，坑体东西长 40 米，坑总面积约 800 平方米。出土了 40 多件陶俑，俑为站立状，上身裸露，下着短裙，左脚前迈，左臂下垂，左手紧扣于腰带上，右臂上举，挺胸鼓肚。另外，从同一个坑中还出土了一件大铜鼎，由此推测扛鼎比赛是受到秦始皇喜爱的一种娱乐项目。他们姿态各异，风格、服饰、装束等都与兵马俑截然不同，经过考证和研究，认为这批陶俑可能是象征着秦代宫廷娱乐活动的百戏俑。它首次揭示了秦代陶俑新的类型和秦代丰富多彩的杂技艺术以及神秘的宫廷娱乐文化。

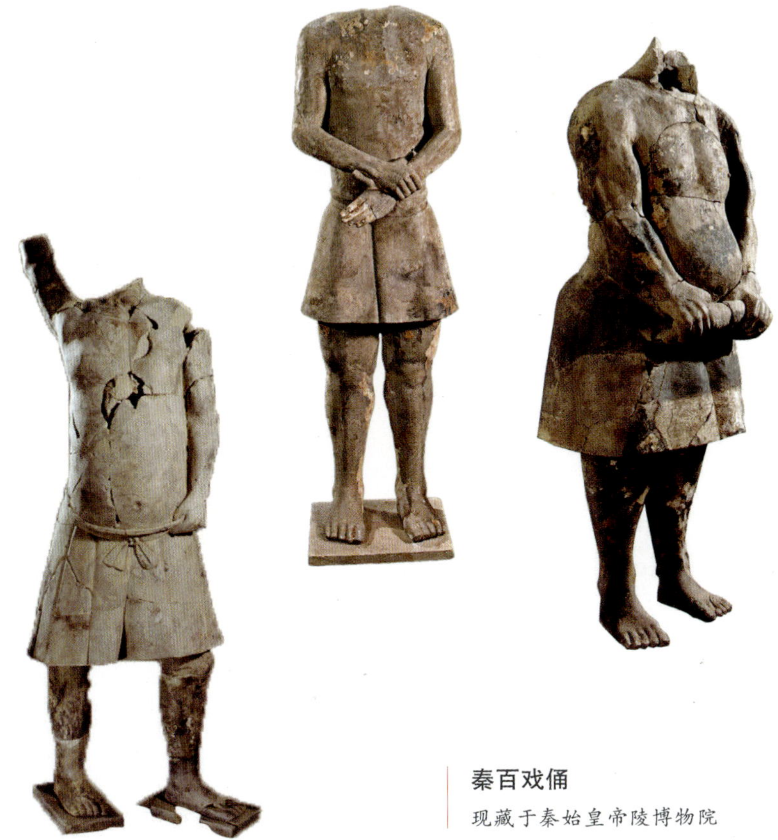

秦百戏俑

现藏于秦始皇帝陵博物院

汉甩袖歌舞俑

现藏陕西历史博物馆

汉甩袖歌舞俑，西安市白家口出土，高 49 厘米。长袖善舞是汉代乐舞艺术的重要特征，汉代俑类多呈静姿，而这两个舞女俑却舞姿优美。扬起宽且长的右袖甩向身后，左袖下垂后扬，充分表现出汉代舞蹈的典雅与舞女的活泼形态。

西汉彩绘舞蹈伎乐陶俑群，河南尉氏出土。最高者 23.6 厘米，最低者 14.8 厘米。汉代中原文明在崇尚儒家思想的基础上，讲究礼乐教化。汉墓出土成组乐舞俑及舞乐画像石等是汉代歌舞升平和谐生活的真实写照。

西汉彩绘舞蹈伎乐陶俑群

现藏河南博物院

击鼓说唱陶俑，出土于四川省成都天回山。汉代民间盛行说唱表演，俳优以调谑、滑稽、讽刺的表演为主，以此来博得主人和观赏者的笑颜，此俑的出土正是当时社会的真实写照。陶俑头上戴帻，额前有花饰，袒胸露腹，着裤赤足，左臂环抱一扁鼓，右手举槌欲击，作击鼓说唱表演，神态诙谐，动作夸张，是一件富有浓厚民间气息和地方风貌的优秀雕塑作品，代表了东汉陶俑的平实动人的生活气息和艺术风格。

击鼓说唱陶俑

现藏中国国家博物馆

平索戏车车骑出行画像砖

现藏中国国家博物馆

平索戏车车骑出行画像砖，1984 年河南新野樊集村征集，长 105.5 厘米，宽 95.6 厘米，厚 6.7 厘米。此砖画像分为两部分，右半为车骑出行图，左半是平索戏车场面。平索戏车是汉代流行的一种杂技。“车橦”是汉代杂技中的大型节目，难度最大。画像砖的“车橦”场面中，有两辆车上各树一橦，前车的橦上坐一人，手中拉一索，后车上正有一人爬上橦，两车之间的平索上有一人倒立。车、橦、索三者互相牵连，表演者在两辆车子的奔跑晃动和绳索的摇曳起伏中做高难度的动作，惊险动人。

观伎画像砖，四川成都杨子山东汉墓出土。墓室内装饰图像，砖面每边长 40 厘米，描述了汉代宴宾陈伎的习俗，一男一女席地而坐，在鼓、排箫的伴奏声中，欣赏伎人跳丸、跳瓶、巾舞的表演。

观伎画像砖

现藏中国国家博物馆

东汉陶灶

广东省广州市东郊先烈路出土，高26厘米。似船形，一端上翘，灶面上有三个火眼，上置釜形炊具，灶身两侧附汤缶，灶门口堆塑狗、猫等动物。汉代对灶很重视，认为灶是生养之本。西汉中期以后，随着厚葬之风的盛行，与人们生活紧密相关的陶灶在随葬品中开始增多。从出土的大量陶灶中可反映出各地生活用灶的形制往往不同，如洛阳一带的灶平面作长方形，即所谓方头灶，西汉时为一个火眼，东汉时火眼增加到三至四个。关中地区的灶在东汉中期以前平面多近马蹄形、即所谓圆头灶，但至东汉晚期这里的灶也变成方头的了。江南各地在西汉中、晚期时流行船形灶，至东汉晚期船形灶后部拢合上翘如船头形，开南北朝灶式造型之先声。

东汉陶灶

现藏广东博物馆

四神规矩镜

1953年西北文化局移交
现藏陕西历史博物馆

两汉铜镜

两汉时期铜镜制作艺术高超，出现了各种图案的铜镜，既是日常用品，又成为装饰用品。

四神规矩镜是西汉晚期至东汉中期最精美、流行时间最长的一种铜镜，其主要特征是在装饰花纹中间，有规则地分布着“T、L、V”这三个符号，非常规矩，所以称之为“规矩镜”。规矩镜的主纹饰以四神为主，还有动物、禽鸟及羽人之类。古人按前朱雀后玄武、左青龙右白虎的位置将四神铸在铜镜上，用以镇宅辟邪。由于受当时求长生不老和道家思想的影响，有关羽人、四神、瑞兽等图案兴盛一时。

彩绘车马人物纹镜，1963年出土于陕西省西安市西北郊红庙村，直径28厘米。镜面上有锈斑和丝织物的遗痕，镜背为彩绘纹饰。三轮纹覆瓦形纽，圆形纽座，座底涂有朱红颜色，纽底外的环带将镜背彩绘分为两区，内区涂浅绿色地，上涂深绿色云气纹，间以四朵红色团花，又以白色在红花绿云上勾勒点画，整幅画面清新醒目，且有很强的装饰感。外区施朱红色为底色，其上规律分布四个类似圆壁的图案，周遭烘托以云气纹。璧形图案将外区划分为四区，分别描绘四组极富故事情节的画面，谒见、对语、射猎、

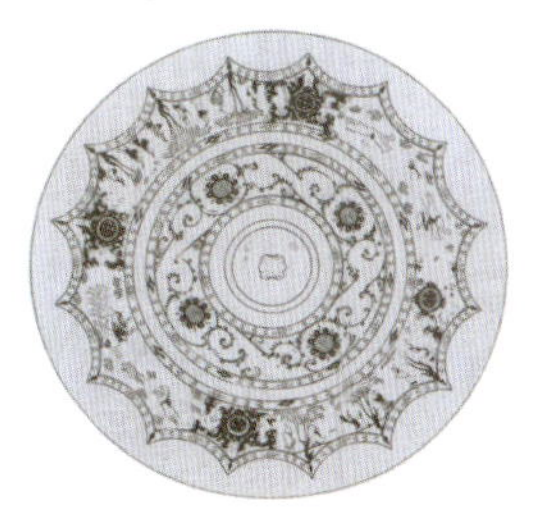

彩绘车马人物纹镜
现藏西安博物院

归游，共绘 19 个人物、7 马、6 树、1 车，刻画细致入微，人物车马形象生动，神采飞扬，整幅画面色调明快朴素，构图疏密得当。镜缘选用汉代盛行的十六内向连弧纹，似光芒四射，于绚烂之中增添了几分厚重。在素镜背上施以彩绘作为装饰的铜镜是彩绘镜，出土数量极少，属铜镜中的罕见品类。在我国古代铜镜发展史上，彩绘镜流行的时期甚短，目前能见到的实物也为数不多。

双层九子漆奁，马王堆一号汉墓出土，高 20.8 厘米，直径 35.2 厘米，是专门放置梳妆用具的器物。器身分上下两层，连同器盖共三部分。盖和器身为夹纻胎，双层底为斫木胎，器表涂黑褐色漆，再在漆上贴金箔。金箔上施油彩绘。盖顶、周边和上下层的外壁、口沿内以及盖内和上层中间隔板上下两面的中心部分均以金、白、红三色油彩绘云气纹。其余部分涂红漆。上层放置手套三双，丝绵絮巾、组带、绢地“长寿绣”镜衣各一件。下层底板厚 5 厘米，凿凹槽 9 个，槽内放置 9 个小奁，内放化妆品、胭脂、丝绵粉扑、梳、篦、针衣等。中国古代男女均蓄发，并各备妆具。

双层九子漆奁
现藏湖南省博物馆

汉铜羽人

通高 15.3 厘米，重 1.3 公斤。作跪坐状，长脸，两大耳竖立高出头顶，脑后梳有锥形发髻，尖鼻阔嘴，眉骨、颧骨隆起。身着无领紧袖右衽长衣，束带，赤足。背部有双翼，膝下也有鳞状垂羽。双膝间有半圆形凹穴，底部有一固定器物的插孔。青铜人双手作捧持状，手持何物不知。这就是我国古代神话传说中的羽人形象。汉代的神仙思想严重，其中有传说人修行成仙后长出羽翼飞到天上成为仙人，这种有羽翼的仙人便是羽人。

汉铜羽人

现藏西安博物院

绿釉陶猪圈
现藏湖南省博物馆

绿釉陶猪圈

东汉时器，高25.3厘米，圈宽24.5厘米。是一种低温釉陶质的随葬模型器，猪圈与厕所合一，反映汉代人们的生活习俗。猪圈呈圆形，围栏镂空，栏内有一肥猪。围栏一边处建有一间方形厕所，歇山式顶，檐伸出墙外，屋顶与厕可分开。顶圈外有梯拾级而上，通向厕门，粪坑与猪圈相通。猪圈胎呈红色，烧成温度较低，通体施绿釉，釉色光亮，是同类模型器的精品。低温釉陶是流行于东汉为随葬而烧造的一种陶器。它以氧化铜或氧化铁为着色剂，以铅为助溶剂，烧成温度低，大约700℃左右，铜在窑内氧化气氛中使釉呈现美丽的翠绿色，铁呈黄褐色或棕红色。

西汉梁孝王厕所

发现于河南永城西汉梁孝王之王后墓。梁孝王墓为目前国内最大崖洞墓，其主要建筑结构有天井、贮冰室、车马室、排水道、棺床、庖厨、浴室、厕所等。墓中最为叫绝的设施之一就是厕所——便池右侧立一石质扶手，镶于便池后立石板中，坐便池上有两块靴状画像石，其上用阴线刻手法刻画有楼房、常青树和几何纹图案，这一两千多年前的坐便池已不亚于现代装饰豪华的坐便池。当然这种厕所并非普遍，汉代较为普遍的厕所样式为与猪圈相连，以使养猪、积肥并重。东汉魏晋时的随葬明器，郑州后庄王 199 号墓出土的与厕所相连的汉代灰陶猪圈，徐州十里铺姑墩出土的东汉晚期的厕所与猪圈，均可证实。这种猪圈与厕所相连，饲养猪兼及积肥，已作为一种较为标准的生活方式在汉代普遍实行。

西汉梁孝王厕所

结语

公元前 221 年，秦始皇“奋六世之余烈，振长策而宇于内”，平灭了六国，统一了天下，开辟了一个新时代。

在中国历史长河里，秦汉时期是一段波澜壮阔的历史时期。强大统一的秦汉王朝的出现，不仅为中国写下了光辉的篇章，对后世产生了深远的影响，而且为世界历史的发展揭开了新的一页。

秦汉时期是中国古代专制主义中央集权国家建立和巩固时期，在中国历史上第一次出现持续达四百余年之久的大一统局面，其所创立的制度影响中国历史两千余年，对世界的影响也远远超过亚洲。其所表现出的社会发展的某些规律在以后的社会发展过程中一再重复出现。因此，秦汉时代可以称为中国古代社会奠基的时代。光辉灿烂的秦汉文化是春秋战国时期“百家争鸣”得到总结的直接产物，是中华传统文化成熟的标志，其突出的特征是多元文化基础上的统一和统一条件下的文化多样性，从而表现出了多元性、统一性、包容性、和谐性与创造性的特征。既能坚持本土文化的传统，又能不断吸纳其他民族的优秀文化来丰富自己，为己所用。而这恰恰是中华文明在古埃及、古巴比伦、古印度文明相继中断或转型之后，仍能唯一延续至今的根本原因。

明代李贽在《藏书》中指出：“始皇帝，自是千古一帝也。”王夫之在《读通鉴论》也指出：“郡县之制，垂二千年而弗能改矣。

合古今上下皆安之，势之所趋，岂非理而能然哉？”钱穆在《秦汉史》中指出：“然此一时代潮流中剧变之尤堪注目者，则厥为社会学术之勃兴。”英国的崔瑞德、鲁惟一在《剑桥中国秦汉史》中也指出：“公元前 221 年宣布建立秦帝国至公元 220 年最后一个汉帝逊位的四个半世纪中，中国历史几乎在各个方面都经历了进化性的重大变化。”

由于本书受到篇幅的限制，对秦汉时期社会的方方面面不能作全面的介绍和展开，有意犹未尽之感，但毕竟以图文并茂的形式将秦汉时期的政治、经济、文化、科技、军事告诉读者。希望读者多提宝贵意见。